| 나를 변화시키는 강력한 습관 |

# 1만 페이지 독서력

**10000 PAGES CHANGE YOU!**

| 나를 변화시키는 강력한 습관 |

# 1만 페이지 독서력

| 윤성화 지음 |

한스미디어

책을 많이 읽는 사람을 정말 두려워해야 하는 이유는 그 사람이 책을 통해서 얻어가는 지식이 아니라 그 자세 때문이다. 독서는 최소한의 노력이자 준비다. 이것마저도 하고 있느냐, 하지 않고 있느냐는 그 사람의 깊이를 재는 첫 번째 척도가 된다. 책을 읽는 것 자체가 가장 기본적이면서도 효율적인 자기계발 방법이다.

프롤로그

# 누구나 쉽게 할 수 있는
# 1만 페이지 책 읽기

세계 제일의 부자인 워렌 버핏에게 한 사람이 편지를 보내 조언을 구했다.

> 안녕하세요. 버핏씨,
> 제 이름은 조시 윗포드이며, 노쓰 다코다의 파고에 살고 있습니다. 저는 조언을 구하고자 합니다. 저에게는, 제가 별로 아는 것이 없다는 점보다도 더 잘 알고 있는 것이 별로 없습니다. 저는 지식을 구하기보다는, 지혜를 구하고자 합니다. 저는 당신을 성공으로 이끈 당신의 선견지명을 존경합니다. 당신이 만나본적이 없는 사람에게 줄 수 있는 지혜가 단 한 가지가 있다면, 그것이 무엇일지 궁금합니다.
> 조시 윗포드 올림.

그는 이렇게 답장을 남겼다.

"Read, read, read."
읽고, 읽고, 또 읽으세요.

평생 동안 읽을거리를 손에서 놓치 않고 있는 책벌레 워렌 버핏, 그에게서 독서가 필요한 또 하나의 이유를 찾게 된다.

많은 사람들이 독서의 필요성에 대해 공감한다. 책을 읽어야 하는 이유 또한 잘 알고 있다. 지식을 얻는다, 간접경험을 할 수 있다, 삶의 지혜를 얻는다 등. 성공한 많은 사람들이 책 읽기의 중요성을 강조하며 꾸준한 독서를 권장한다. 문제는 머리로는 잘 알고 있지만 행동으로 옮겨지지 않는다는 데 있다.
  책을 꾸준히 읽기가 여간 어려운 게 아니다. 바쁘게 살다보니 책 읽을 시간 내기가 쉽지 않다. 한두 번 서점을 찾아가고 말 뿐 이내 일상으로 돌아와 잊고 만다. 책보다 재미있는 볼거리, 놀거리가 너무나도 많다. 이런 저런 핑계를 대다 보면 책과의 거리는 점점 멀어지고 만다.

　독서의 부족함을 공감하고 꾸준히 잘 읽는 방법의 필요성에 대해서 고민하는 사람들이 많을 것이다. 어떻게 하면 지루하지 않고 재미있게 독서를 할 수 있을까? 이 책에서 제시하는 '1만 페이지 독서법'은 이런 사람들을 위한 좋은 해법이 될 것이다. 답은 습관에 있다. 책을 읽어야 한다는 의무감 때문에 읽기 보다는 자연스럽게 몸에 배게 하는 것이 중요하다. 스스로 책을 찾게 되는 방법을 안다면 보다 수월하고 즐겁게 독서를 즐길 수 있을 것이다.

　《1만 페이지 독서력》은 제목만큼이나 명확하다. 1년간 1만 페이지에 해당하는 책을 읽으면서 자연스럽게 독서 습관을 기르는 것을 목표로 한다. 그동안 읽고 싶었던 책들을 한 서른 권 정도 머릿속으로 쌓아보자. 책이 구체적으로 생각 안난다면 베스트셀러 서른 권도 좋겠다. 책상 위에 쌓아놓으면 꽤 많은 양이 될 것이다. 그동안 보고 싶었는데 못 본 책들, 좋은 책이라고 사놓고 읽지 않은 책들을 다 꺼내놓으면 된다.

　이제 이 책을 1년간 읽어나간다고 생각해보자. 우리의 평소

독서량에 비한다면 분명 쉬운 일은 아니다. 하지만 불가능한 일 또한 아니다. 그동안 읽고 싶었던 서른 권의 책을 다 읽고 난다면 책에 담긴 지식과 지혜는 물론 뿌듯함이라는 보너스까지 함께 얻을 수 있을 것이다.

1만 페이지라는 독서량을 목표로 한 이유는 일반 사람들이 의식적으로 노력하면 도전 가능한 독서량을 한정짓기 위해서다. 1만 페이지라는 숫자가 얼핏 보기에 도전하기 어렵게 느껴지지만 보통 사람들이 조금만 더 관심을 가지고 책을 읽어나간다면 충분히 달성할 수 있는 양이다. 단순 계산으로 매일 27~28페이지만 읽어도 1년이면 이룰 수 있다. 물론 책 읽기를 방해하는 다양한 변명거리들로부터 자신을 통제할 수 있는 의지는 필요하다. 시간을 1년으로 한정한 이유는 무한정 늘어지기 보다는 정해놓은 시간 안에서 몰입하며 노력하는 게 습관을 형성하는데 도움이 되기 때문이다.

이 책은 그런 1만 페이지 독서 방법을 설명하고, 실행하는데 필요한 내용을 담고 있다. 무슨 책을 읽어야 할지 고민되는 사람에게는 '하루라도 먼저 읽어야 할 책들'을 담았다. 직장인이 최근 고민하는 10가지 주제에 관한 총 100권의 추천 목록이 담겨있다. 참고해서 살펴본다면 책을 찾아야 하는 수고스러움을 덜 수 있을 것이다.

  1만 페이지 독서 습관에는 지난 8년간 인터넷 서점에서 MD로 근무하면서 보고 듣고 경험한 내용들이 바탕이 되어 있다. 이 책을 통해 보다 많은 사람들이 독서를 통해 즐거움을 발견하고, 감동과 함께 새로운 세계를 만나는 재미를 느껴볼 수 있기를 희망해 본다.

차례

프롤로그 … 5

**Part 1** 지금, 책을 읽어야 하는 이유

1. 사람을 만나는 설레임 … 17
2. 나를 위한 진짜 공부 … 21
3. 오늘보다 더 나은 존재로 … 24
4. 삶의 자세를 드러내는 책 읽기 … 28
5. 나를 나아가게 하는 힘 … 31
6. 오래될수록 좋은 벗처럼 … 34

MD와 책 읽기 • 【책의 탄생과 소멸】… 37

**Part 2** 1년에 1만 페이지 책 읽기
: 어떻게 읽을 것인가?

1. 눈에 보이는 목표를 잡는다 … 43
2. 도전 목표는 1년에 1만 페이지 … 48
3. 독서의 달인이 되는 하루 27페이지 … 55
4. 시간이 쌓여야 실력이 는다 … 59
5. 1만 페이지 독서 플랜 짜기 … 62
6. 책이 항상 옳은 것은 아니다 … 75
7. 모든 텍스트는 페이지로 통한다 … 78
8. 시를 읽듯 페이지에 집중하라 … 83
9. 1만 페이지 도전 이렇게 하라 … 87

MD와 책 읽기 • 【인터넷 서점에서 놀기】… 92

## Part 3  1만 페이지 독서력 업그레이드 Ⅰ
### : 효율적인 책 읽기

1. 멈추지 않고 1년을 읽는다 … 99
2. 전작주의자의 꿈 … 103
3. 베스트셀러를 읽어라 … 106
4. 독서가 생활이고 생활이 독서다 … 109
5. 책은 지저분하게 읽는다 … 113
6. 블로그에 올려 공유하기 … 117
7. 1만 페이지 독서 기록하기 … 120
8. 책과 함께 어디든 간다 … 123
9. 독서 근육을 키워보자 … 127
10. 책은 서로 연결되어 있다 … 129
11. 독서는 대화다 … 133
12. 책을 버리다니요? … 136
13. 1만 페이지 독서습관 7단계 … 140

MD와 책 읽기 •【1만 페이지 독서기】… 143

## Part 4 1만 페이지 독서력 업그레이드 Ⅱ
: 2% 다른 책 읽기

1. 너무 바빠서 책을 읽는다 … 149
2. 직장인의 책 읽기는 다르다 … 153
3. MUST HAVE BOOK … 157
4. 회사에서 필요한 인재가 읽어야 할 7가지 … 161
5. 자기계발서 읽기 … 165
6. 지금 당장 경제공부 시작하라 … 168
7. 재테크서는 반대로 읽는다 … 172
8. 몰입의 즐거움 … 176
9. 자신만의 창조 공간, 서재 만들기 … 179
10. 인문학으로 생각하다 … 183
11. 읽는데 그치지 않고 써본다 … 186
12. 창의적인 사람이 되는 법 … 189
13. 배신의 독서를 즐겨라_ 크로스 독서 … 193
14. 책과 함께 보내는 휴가 … 197

MD의 책 읽기 ▪ 【반값 할인의 비밀】… 200

**Part 5** 하루라도 먼저 읽어야 할 책들
: 무엇을 읽을 것인가?

1. 분야 전문가가 된다 … 205
2. 사람을 만나라 … 209
3. 삶에 창조성을 더하라 … 213
4. 공부가 좋다 … 217
5. 교양 입문하기 … 220
6. 사는 재미가 늘어난다 … 223
7. 사회 변화 속에 기회가 있다 … 227
8. 삶을 되돌아 보다 … 230
9. 젊은 날의 책 읽기 … 233
10. 휴식과 재충전 … 237

MD와 책 읽기 • 【베스트셀러 변천사】… 240

에필로그 … 246

Part 1

지금,
책을 읽어야 하는 이유

◆ ◆ ◆

우리는 책을 통해 수많은 사람을 만나는 행운을 얻는다. 장하준 교수를 만나 세계 경제를 보는 균형 잡힌 시각을 배운다. 칩 히스와 댄 히스에게서는 머릿속에 쏙 남는 것을 어떻게 만들어 낼 수 있는지를 알게 된다. 책이 아니었다면 우리가 과연 이 사람들을 어떻게 만날 수 있었을까? 책은 결국 하나의 세계이고 하나의 사람이다.

## 1장  사람을 만나는 설레임

젊은 나이에 미국으로 건너온 청년이 있었다. 무일푼이던 그는 아버지 식품점 일을 돕다 돈을 벌기 위해 컴퓨터 판매업을 시작한다. 하지만 결과는 실패, 다시 증권거래회사를 차리지만 이 역시 망하고 만다. 유기농식품회사를 인수해 다시 사업에 도전하지만 9.11 테러라는 불운을 만나 이 역시 망하고 만다. 그러던 어느 날 크로거라는 미국 유명 식품매장에서 김밥 6개를 파는, 1평에 불과한 작은 가게를 본 그는 김밥이라는 상품의 가능성에 대해 상상하게 된다. 미국 곳곳에 김밥을 팔겠다는 꿈을 품고 10개월 간의 자료준비, 전화조사, 인내심을 넘어 드디어 크로거에서 판매 기회를 얻게 된다. 남들과 다른 노력으로 그는 김밥판매에 도전한다. 진열대 위치를 바꾸고 샘플을 나눠주고 누드김밥 마는 장면을 직접 보여준다. 사람들이 점점 관심을 보였고 판매는 날이 갈수록 늘어났다. 6명의 델리 직원이 샌드위치를 파는 가게보다 혼자서 더 많은 김밥을 팔게 되었다. 단 한 개의 매장에서 이렇게 시작한 그의 비즈니스는 3년도 채 안되어 130여 개의 매장을 운영하게 된다. 첫 달 1천만 원대의 매출은 연간 180억 원대로 성장한다.

《김밥 파는 CEO》, 이 책 속에는 그가 사업을 하면서 겪었던 어려움과 이를 극복하면서 배운 삶의 지혜들이 유머러스한 문장들에 녹아 있다. 그에게서 나는 인생에 관한 많은 것을 배울 수 있었다. 좌절에서 일어나는 법도 알려주었으며 (무엇보다 운동을 통해 멋진 근육을 가지라고 그는 말한다.) 벽에 부딪혔을 때 다른 생각을 하는 방법도, 사람 보는 방법도 알려주었다. 연이은 실패에도 좌절하지 않고 다시 일어서서 자신 있게 도전해가는 그의 모습에 큰 감명을 받았다. 지금도 이 책은 책꽂이 한 곳에 내 보물 도서로 자리잡고 있다.

우리는 책을 통해 수많은 사람을 만나는 행운을 얻는다. 장하준 교수*를 만나 세계 경제를 보는 균형 잡힌 시각을 배운다. 칩 히스와 댄 히스에게서는 머릿속에 콕 남는 것을 어떻게 만들어

---

\* 장하준: 캠브리지대학 경제학 교수. 경제 문제와 관련해 좌우 어느 쪽에도 치우치지 않는 비교적 공정한 시각을 지니고 있다. 그는 특히 무분별한 선진국 따라하기의 문제점들을 꾸준히 제기해 오고 있다. 지은 책으로는 《사다리 걷어차기》, 《나쁜 사마리아인들》, 《그들이 말하지 않는 23가지》 등이 있다. 그가 쓴 책들은 어려운 경제 문제의 본질을 일반인도 알기 쉽게 잘 설명했다는 평가를 받고 있다.

낼 수 있는지를 알게 된다.

생각해 본다. 책이 아니었다면 우리가 과연 이 사람들을 어떻게 만날 수 있었을까? 책이었기에 가능한 일이다. 책은 결국 하나의 세계이고 하나의 사람이다. 한 명의 사람은 수많은 사람을 변화시키고 내가 보지 못했던 것을 보게 해주는 자극이 된다.

회사에서는 정기적으로 강사를 고용해 교육을 시킨다. 대부분 평범하고 지루한 강의들이지만 가끔씩은 정신이 번쩍 드는 멋진 강연을 듣기도 한다. 주제도 좋고 강사가 가끔씩 재밌는 말도 한다. 뭐 하나라도 더 건지기 위해 참석자들은 강연자의 말을 빼곡히 메모한다. 끝나고 나면 우레와 같은 박수가 터진다. 이런 멋진 강연을 들을 때마다 생각해 본다. 이런 멋진 강사로부터 직접 교육을 받으려면 돈이 얼마나 들까. 아마 몰라도 최소한 수십만 원은 들 것이다. 아니, 나 한 사람을 위해서는 해 주지도 않을 것이다. 비용도 꽤 들고 시간제약도 있겠지만 이런 강의를 자주 들을 수 있다면 얼마나 좋을까. 나를 위해서 참 좋은 일이 될 것이다.

서점에 갈 때면 나도 모르게 기분이 좋아진다. 그렇게 듣고 싶었던 멋진 강의들이 책에 고스란히 담겨 나를 기다리고 있기 때문이다. 이 책은 말 잘하는 법에 대해서, 이 책은 재테크 잘하는 법에 대해서 멋진 강의가 될 만한 내용을 한 권의 책으로 엮어냈다. 나는 1만 2천 원 내외의 비교적 저렴한 돈을 지불하고 가져와 읽기만 하면 된다. 짧게는 몇 년, 길게는 평생을 두고 경험하고 축적한 저자의 지식과 경험을 한 권의 책을 통해 내 것으로 만드는 것이다.

  내가 만날 수 있는 많은 강의 주제들, 그리고 그에 대한 설렘이 오늘도 나를 들뜨게 한다. 지금까지 그렇게 많은 책을 읽었는데도 여전히 읽고 싶은 책이 무궁무진하다. 새로운 주제, 감탄을 자아내는 내용들, 전에 만났던 멋진 저자의 신간 등 매번 서점에 갈 때마다 새로운 책들이 눈을 뜨고 나를 반긴다.

나를 위한
진짜 공부

서울대학교병원 흉부외과 김원곤 교수. 그는 50대에 접어든 어느 날 더 늦기 전에 외국어를 하나 배워볼까라는 생각을 한다. 그리고 그때부터 학원에 다니며 7년간 4개 외국어를 동시에 공부해 외국어의 달인이 되었다. 늦은 나이에 시작한 공부, 특별한 목적을 두지 않고 좋아서 한 공부가 어떻게 가능했을까. 그는 대단한 목표를 세우고 시작한 공부가 아니라는 점이 오히려 편하게 시작할 수 있었고 공부를 지탱해주는 원동력이 되었다고 말한다. 골목을 오가다 보게 되는 일본어나 프랑스어 등의 외국어 간판의 글씨들, 공부를 하지 않았더라면 모르고 지나쳤을 그 단어들의 의미가, 자신이 왜 외국어 공부를 해야 하는지를 일깨워줬다고 그는 말한다.

TV 퀴즈 프로그램을 보면 어려운 환경 탓에 제대로 배우지도 못했지만 끈기와 노력만으로 당당히 퀴즈의 달인에 오르는 사람들을 볼 수 있다. 고졸 학력의 40대 찜질방 이발사는 매일 아침 7시부터 저녁 9시까지 고된 일을 하면서도 2년간 노트 30여 권에 달하는 지식을 쌓으며 노력한 끝에 당당히 퀴즈영웅이 되었다. 중졸 학력의 화물차 운전기사는 잠자는 시간을 쪼개고 신호 대기시간도 놓치지 않고 공부를 계속해 역시 퀴즈영웅이 되었다. 대학도 졸업하지 못한 학력, 부족한 시간, 많은 나이도 그들의 공부에 대한 열정에 방해가 되지 않았다. 시험이 있어야만 하는 공부가 아니라 스스로 목표를 정하고 달성하기 위해 노력하는 과정 또한 공부의 한 부분이다.

학창 시절 공부는 많은 사람들에게 즐겁지 않은 기억들로 남아있다. 교과서, 시험, 성적표 등 그때의 공부는 누가 시켜서, 혹은 좋은 대학에 가기 위해 억지로 해야만 했던 일종의 의무였다. 졸업 후 사회에 나온 후에야 우리는 비로소 공부의 의무에서 해방된다. 하지만 공부로부터 자유로워진 지금이 오히려 '진짜' 공부를 하기에는 더 없이 좋은 시간이 될 수 있다. 내가 정말 궁금해 했던 주제들을 스스로 정하고 찾아 배운다. 지겹기만 했던 교과서가 아니라 다채롭고 흥미로운 책들을 자유롭게 넘나들며 배울 수 있다.

책벌레이자 공부벌레로 유명한 안철수. 의사로 시작해 컴퓨터 백신 전문가가 되고 회사를 차리고 다시 교수가 되기까지 다양한 인생을 살고 있는 그는 자신의 인생 속에서 느낀 공부의 가치에 대해서 이렇게 말한다.

: 언젠가 '열심히 사는 것의 의미'에 대해서 강연을 한 적이 있다. "지금의 상황에서 보면 그 내용은 쓸모없는 것이 되었지만, 치열하게 살았던 의과대학 시절의 삶의 태도가 지금도 내 핏속에 흐르고 있고 현재의 삶을 살아가는 데도 중요한 역할을 하고 있다. 따라서 지금 내가 하고 있는 일이 나중에 어떻게 쓰일 것인지가 중요한 것이 아니라, 지금 내가 맡은 일을 어떠한 태도로 하고 있는지가 더 중요하다. 지식은 사라지지만 삶의 태도는 변하지 않기 때문이다." –《CEO안철수, 지금 우리에게 필요한 것은》 73p

공부를 통해 무엇을 배우는가도 물론 중요하지만 공부를 해나가는 과정의 노력과 마음 자세 또한 인생을 살아가는 데 의미 있음을 강조하고 있다.

## 3장

오늘보다
더 나은 존재로

우리는 누구나 더 나은 내일을 꿈꾼다. 이미 꿈을 이룬 사람이 아니고서야 오늘과 같은 삶을 계속 살기를 바라는 사람은 많지 않다. 변화도 없고 발전도 없고 1년 후, 10년 후의 삶이 지금과 같다면 이 얼마나 힘 빠지는 일인가. 매일매일 똑같은 삶을 살아가야 한다면 그것만큼 마음 답답한 일도 없다. 매일 남편 출근시키고 청소하고 밥하고 빨래하는 게 내 인생의 전부라면, 회사 출근해서 일하고 야근하고 퇴근하고 다시 출근하고 그렇게 사는 게 전부라면, 늙어서 은퇴하고 시간은 남는데 정작 할 게 없다면, 이것만큼 우울한 일도 없다. 우리의 삶이 자극도 없고 긴장도 없고 늘 똑같은 상태만을 유지한다면 결말을 다 알고 보는 영화처럼 재미가 없을 것이다.

쳇바퀴 돌듯 매일매일 되풀이 되는 일상들, 여기서 벗어나기 위해 방법을 찾아보려고 하지만 이 역시 쉬운 일은 아니다. 여행을 자주 가보려고 해도 시간과 돈이 적지 않게 들고, 강의를 들어보려고 해도 시간 내기가 쉽지 않다. 그나마 위안은 책이 있다는 것이다. 책은 돈도 많이 들지 않고 시간을 내기도 자유롭다. 비교적 저렴하고 손쉽게 우리는 반복된 일상에서 벗어날 수 있는 길을 찾을 수 있다. 책 속에서 우리는 평소에는 만나지 못할 다른 세계를 접한다. 많은 돈을 들이지 않고도 여행을 갈 수 있다. 비싼 강사료를 들이지 않아도 멋진 강의를 들을 수 있다. 독서는 매일 되풀이 되는 일상에 변화라는 양분을 주는 것과 같다. 정해진 틀을 벗어나 우리가 더 크고 넓게 성장할 수 있도록 돕는다.

책을 읽을 때마다 기분 좋은 뿌듯함을 느낀다. 멋진 연극과 영화를 보고 멋진 강의를 듣는 것처럼 나 자신에게 무언가를 해준 느낌. 단지 맛있는 음식을 먹는 게 나를 위해 좋은 것만은 아니다. 나의 감수성을 위해 나 자신의 감정과 지식을 위해 나를 위해 소중하게 쓴다는 생각에서 기분이 좋은 것이다. 기분 좋은 떨림과도 같다. 약간의 긴장감, 새로운 세계를 만난다는 호기심이 나를 기분 좋게 한다.

《굿바이 게으름》의 저자이자 정신과 전문이기도 한 문요한 원장은 《그로잉》이라는 책에서 우리 안에 있는 성장 본능에 대해서 이야기한다.

: 나는 우리 안에 생존 본능을 넘어 성장 본능이 있다는 것을 믿는다. 그리고 상담실에서, 성장 리더십 프로그램을 통해서, 이웃들의 삶 속에서 그러한 힘을 확인하고 또 확인한다.…우리에게는 더 나은 삶을 지향하는 '향상심'이 근원적으로 내재되어 있다. 식물의 잎과 줄기가 빛을 향해 성장하듯 인간 역시 '더 나은 존재'로 나아가려는 근원적 힘이 있는 것이다. 그러므로 우리가 일깨울 것은 '이대로 가다가는 죽는다!'라는 생존 본능이 아니라 '있는 힘껏 뻗어나리라'라는 성장 본능이다.

-《그로잉》 171p

성장은 희망이고 즐거움이다. 누구나 어제보다 더 나은 내일을 꿈꾼다. 그리고 그렇게 될 수 있다는 희망과 지금의 노력이 나를 기분 좋게 한다. 누구나 꿈이 있고 그것을 이루기 위해서 노력한다.

성장이라는 의미가 단지 몸이 자라 어른이 되는 것만을 의미하지는 않는다. 나이가 든다고 끝나는 것도 아니다. 언제나, 지금도 가능한 일이다. 공부하는 사람은 언제나 청춘이다. 호기심이 충만하고 늘 배운다면 나이를 먹어도 그 사람은 언제나 청춘이다. 반대로 젊은 나이에도 의지가 없고 호기심이 없고 열정이 없다면 그 사람은 이미 성장이 멈춘 것이다.

책을 읽지 않는 사람은 변화가 없다. 삶에 대해서 지식에 대해서 갈망하는 것이 없다. 늘 방바닥에 누워 TV만 보는 사람과 같다. 배는 나오고 삶에 대한 의욕도 그저 그렇다. 재미도 별로 없고 그냥 어쩔 수 없이 회사에 출근 하는 것과 같다. 책을 읽는다는 건 단순히 지식을 습득 하는 게 아니다. 뭔가를 하는 적극적인 행동이다. 더 나은 내일을 위해 내가 지킬 수 있는 최소한의 원칙이다. 책을 읽으라고 권하는 이유 또한 여기에 있다.

## 4장
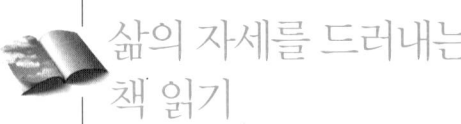
삶의 자세를 드러내는
책 읽기

　독서와 성공의 관계에 대해서 생각해 보자. 독서는 성공의 보증수표인가? 책을 읽으면 모두 성공하는가? 그렇지 않다. 책만 읽는다고 성공하는 건 아니다. 그렇다면 독서와 성공은 서로 관계가 없을까? 그것도 아니다. 성공하는 사람치고 책을 안 읽는 사람은 드물다. 우리나라의 많은 CEO들이 책 읽기를 좋아하는 독서광이다. 그들은 조찬모임을 통해서도 책을 소개받고, 시간이 없는 경우 요약된 내용으로 책을 접하기도 한다. 독서는 성공의 충분조건은 아니지만 필수조건이라 생각한다.

　책을 많이 읽는 사람이 성공할 수밖에 없는 이유, 성공할 확률이 높은 이유는 무엇일까? 무엇보다 변화의 기회에 있다. 책을 읽지 않는 다는 것은 아무런 노력도 하지 않는다는 뜻이다. 투입이 없으니 결과도 없고 당연히 개선의 여지가 없다. 책을 읽는다는 건 무엇인가를 한다는 뜻이다. 외부로부터 자극을 받고 변화하기 위해서 내 안에서 노력한다는 뜻이다. 아무것도 하지 않은 사람과 무엇인가라도 해보려는 사람은 당연히 차이가 날 수밖에 없다. 기업체에서 직원들을 대상으로 교육과 강의, 독서를 꾸준하게 시키는 이유 역시 책이 당장 눈에 보이는 효과를 내지는 못해도 시간이 쌓이면 결국은 조직원의 변화를 일으키기 때문이다.

간접경험을 통해서 배우는 것도 성공의 이유가 된다. 경험은 직접경험과 간접경험으로 나뉜다. 자신의 힘으로 회사를 차려보고 운영의 어려움도 겪으면서 성장시킨다면 그건 직접경험이겠지만, 자수성가한 CEO의 이야기를 책으로 읽고 배울 점을 찾는 것은 간접경험이다. 직접 경험하는 게 간접경험보다 더 낫겠지만 모든 경험을 다 해볼 수는 없다. 누구나 창업을 해보고 실패하는 경험까지 해봐야한다면 그건 시간과 돈 낭비다. 책은 직접 경험해볼 수 없는 많은 것들을 간접경험을 통해 배울 수 있게 해준다. 강의 또한 간접경험의 연장선상이다. 이런 간접경험들이 쌓여 여러 난관을 미리 예상하면서 어떤 일을 도모하고 성공시킬 수 있는 방법들을 찾게 된다. 성공에 대한 자극을 받고 노력하고 준비를 하게 되는 것이다. 그러면 당연히 성공할 확률이 높아질 수밖에 없다.

책을 읽고 생각에 빠진 그들의 모습에는 계속 무언가를 갈망하고 변화하고자 하는 욕심이 자연스럽게 밖으로 드러난다. 책을 많이 읽는 사람을 정말 두려워해야 하는 이유는 그 사람이 책을 통해서 얻어가는 지식이 아니라 그 자세 때문이다.

책도 읽지 않고 성공하기를 바라는 것은 영어공부도 하지 않고 유창한 네이티브 스피커가 되기를 꿈꾸는 것만큼이나 허황된 일이다. 가계부도 쓰지 않고 부자가 되려 하거나 자신이 무슨 펀드에 들었는지도 모르면서 수익이 나기를 바라는 것과 같다. 요행을 바라는 마음이다.

독서는 최소한의 노력이자 준비다. 이것마저도 하고 있느냐 하지 않고 있느냐는 그 사람의 깊이를 재는 첫 번째 척도가 된다. 수동적으로 회사에서 시키는 독서에 의지하지 말고 자기가 읽고 싶은 책을 중심으로 독서에 대해서 다시 한 번 독서의 의미와 재미, 효과를 느껴본다. 책을 읽고 지식을 쌓으며 그 지식을 통해 세상 앞에 당당한 경험을 한다. 변화하고 발전할 수 있는 좋은 시간으로 삼는다. 영어 공부를 하기 위해 힘들게 새벽반을 끊고 다녀야만 자기계발이 되는 건 아니다. 책을 읽는 것 자체가 가장 기본적인이면서도 효율적인 자기계발 방법이다.

## 5장
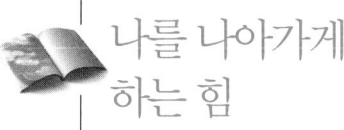
## 나를 나아가게 하는 힘

　　　　　　빌 게이츠는 일 년에 두 번, 자신만의 별장에 틀어박혀 홀로 생각하는 시간을 갖는 'Think Week' 주간을 보낸다고 한다. 아무도 모르는 곳에서 식사도 샌드위치 등으로 간단히 때우며 깨어있는 대부분의 시간을 전 세계 직원들이 보낸 보고서를 읽으며 지낸다. 지금의 마이크로소프트를 만들어낸 중요한 결정들 중 많은 부분이 이 시간에 이루어졌다고 한다. 바쁜 일상에서는 도저히 낼 수 없는 '생각하는 시간'을 그는 이렇게 의도적으로 만들고 있다.

　말 그대로 정신없이 바쁜 현대인, 늘 시간에 쫓기며 일을 하며 살고 있다. 지금 눈앞에 닥친 일만 하고 살 뿐 정말 중요한 것에 대해서는 생각할 시간이 많지 않다. 시간을 내어 자신의 삶에 대해서 생각하는 사람들이 얼마나 될까. 거의 없을 것이다. 그저 하루하루 바쁘게만 지낸다. 현대인에게 부족한 건 생각하는 시간이다. 스콧 니어링의 말처럼 생각하는 대로 살지 않으면 사는 대로 생각하게 된다. 잠시 멈춰 서서 내가 제대로 가고 있는지 주변을 둘러봐야 한다.

혼자 있는 시간을 내는 가장 좋은 방법으로 책 읽기만한 게 없다. 책 한 권 들고 방에 틀어박혀 읽어 본다. 책 읽는 시간만큼은 누구의 방해도 받지 않고 책 속에 빠져 시간을 보내보자. 다른 어떤 역할도 아닌 오직 나 자신만을 위한 성장의 시간을 갖는다. 그냥 술술 읽히는 책보다는 자꾸만 생각을 멈추게 하는 책이 좋다. 지금 하고 있는 고민에 대한 해법을 담고 있을 것 같은 책, 새로운 생각을 제시해주는 책들이 좋다. 읽고 생각하고 메모하고 탐독한다. 책의 내용에 자신을 비추어 보며 지금의 삶에 부족한 점은 없는지, 방향을 제대로 잡고 있는지 고민해 본다.

사는게 너무 바빠 시간을 내기 어렵다면 잠자리에 들기 전 30분 만이라도 충분하다. 잠자리에 들기 전 책을 펼치고 자신만의 하루를 정리하는 시간을 가져보자. 하루를 마무리 하는 시간, 책상에 앉아 혹은 침대에 앉아 몇 페이지라도 책을 읽어보는 시간을 갖는다. TV를 보다 잠이 드는 사람과 책을 보다 잠이 드는 사람은 삶을 살아가는 마음가짐부터 다를 수밖에 없다. 하루를 돌아보고 내일을 준비하는 차분한 시간을 갖는다.

자기계발 전문가 구본형은 《익숙한 것과의 결별》이라는 책에서 하루에 최소한 2시간만큼은 자신을 위해서 쓰라고 이야기 한다.

: 이제 매일 스물두 시간씩 주어지는 일상을 살아라. 아버지로서 아내로서 혹은 딸이나 아들로서 그리고 직장인으로서 누군가의 친구로서 그렇게 살아라. 그리고 매일 두 시간은 오직 자기만을 위하여, 자기 자신이 되기 위하여 사용하라. 이 두 시간은 어느 무엇을 위해서도 양보하지 마라. 그것을 파는 날 그대는 노예가 된다. −《익숙한 것과의 결별》 359p

어렵더라도 하루의 일정 시간만큼은 자신을 위해 내보라는 의미다. 하루를 온전히 다른 사람을 위해서 살면 내 자신을 위해 쓰는 시간이 줄고 그러면 발전의 여지도 줄어든다. 조금이라도 더 나은 삶을 살 수 있도록 노력할 시간이 필요하다.

# 6장

## 오래될수록 좋은 벗처럼

책은 한 번 읽는 것으로 끝나지 않는다. 필요할 때마다 다시금 꺼내서 읽는다. 기억이 나지 않아서이기도 하고 책에서 말하는 내용을 다시금 읽어야할 이유가 생긴 것도 있다. 책을 꺼내들고 다시금 처음 읽었던 기억을 떠올리며 책을 읽어 나간다.

한 번 읽은 내용임에도 시간이 흐르면 자연스레 대부분의 내용이 잊히기 마련이다. 사람의 기억력은 한계가 있다. 남은 기억은 읽은 것 같다라는 흔적뿐이다. 여기에 두 번째로 다시 내용을 읽어나가면 첫 번째보다 보다 많은 내용을 기억할 수 있다. 다시 시간이 흐르고 다시 읽으면 두 번째 읽은 것보다 보다 많은 것을 기억한다. 이렇게 세 번 네 번 되풀이 할수록 더 많은 것을 기억할 수 있다.

다시 읽다 보면 같은 책, 같은 텍스트임에도 불구하고 신기하게도 처음 읽었을 때와 다른 느낌을 받을 때가 많다. 처음 읽을 때는 이 부분에 빠져 책을 읽었는데 지금 읽으면 그 내용은 별 관심이 없고 오히려 다른 부분에 더 관심이 간다.

왜일까. 처음 읽었을 때와 지금 다시 읽을 때의 내가 처한 환경이 달라졌기 때문이다. 내가 그동안 쌓아온 삶의 관심과 배경지식, 공부한 내용들이 다른 부분에 더 민감하게 만든다. 같은 한 권의 책임에도 읽을 때마다 느낌이 다르다. 그리고 이것이 한 권의 책을 계속 다시금 되풀이해가면서 읽어야 할 이유이기도 하다.

오랜 친구와 같은 책이 있다. 일생을 두고 계속 만나는 친구가 있듯 한 번의 만남으로 끝나지 않고 살아가는 동안 계속 읽고 만나게 되는 책이 있다.

유시민은 그의 책 《청춘의 독서》에서, 한 책과의 긴밀한 관계에 대해서 이야기한다. 경제학자이자 정치가, 장관 등 화려한 이력을 살아온 그는 자신이 살아온 인생의 중요한 고비마다 몇 번씩 읽고 생각을 다듬었던 책에 대해 감회를 털어놓는다.

> 인생의 고비마다 《역사란 무엇인가》를 읽었다. 이번이 여섯 번째인 것 같다. 다시 카를 읽으며 사회와 역사의 진보, 과거와 현재의 관계를 생각한다. −《청춘의 독서》 309p

오래 두고 읽는 책은 그런 책이다. 멘토가 되어주는 사람이 있다는 것이 행복한 것처럼 자신이 평생을 두고 스승으로 모시고 친구처럼 함께 갈 책이 있다는 것은 그 사람을 행복하게 한다. 어려운 순간, 결정을 어떻게 내려야 할지 몰라 헤매는 그 순간에 자신이 소중하게 쥐고 있는 책이 거친 바다의 길잡이가 되어주는 등대처럼, 밝은 빛이 될 것이다.

오랜 친구와 같은 책. 내가 살아가는 동안 계속 읽어갈 책과 함께 성장한다. 책을 읽으면서 성장하고 그것을 책과 함께 공유한다. 시간이 지나고 오래 읽을수록 맛이 더해진다.

여러분에게 있어 그런 책을 한 권 꼽아보라는 건 어떨까. 한 권의 책만을 가질 수 있다면 무슨 책을 가지겠는가. 나 또한 고민이 되지만 결국 한 권을 꼽을 수 있다. 정말 한 권을 꼽다 보면 가장 중요한 것이어야 한다. 그냥 읽고 마는 것이 아닌 인생의 책 한 권이라 할 만한 책 말이다.

MD와 책 읽기 【 책의 탄생과 소멸 】

　수많은 사람들의 관심과 노력 끝에 책은 탄생한다. 탄생한 책은 홍보절차를 거친다. 출판사 영업자는 각 서점을 돌며 자사의 책을 좋은 곳에 잘 올려달라고 홍보한다. 하루에도 쏟아지는 책이 수십 권이기 때문에 이렇게 하지 않으면 고객에게 한 번 보이기도 전에 관심 밖으로 사라져 버릴 수 있기 때문이다. 온라인 서점의 경우는 보통 주 단위로 1~2회 전시 도서를 선정한다. 판매량과 함께 대중적인 것, 그리고 MD 추천 정도, 그리고 출판사의 영업 정도가 반영된다. 쏟아지는 많은 책 중에서 일부 도서만이 신문 서평을 받는다. 또 일부 도서들은 서점 매대에 깔리고 온라인 서점 페이지에 올라가는 기회를 얻는다. 나머지 도서들은 분야 페이지에 전시된다. 그 외의 도서들은 안타깝게도 언젠가는 고객의 관심을 받을 수 있으리라는 기대 속에서 조용히 묻히게 된다.

　책의 생명력은 생각보다 짧은 편이다. 3개월 이내에 책의 대부분의 판매량이 결정된다. 초기에 출판사들이 마케팅에 사활을 거는 이유도 여기에 다 있다. 3개월 안에 베스트가 되지 못하면 다음에 나오는 신간들에 밀려 잊히기 쉽다.

### 책의 유통채널, 인터넷 서점

인터넷 서점도 마트처럼 유통 채널이고 수익을 생각해야 하는 만큼 방문자 수와 책의 판매량을 예측해서 전시가 이루어진다. 즉 많이 팔리거나 많이 팔릴 것 같은 책이 사람들 잘 보이는 곳에, 그렇지 않은 책은 방문자 수가 떨어지는 곳에 배치된다.

가장 많은 사람이 보는 '목 좋은' 공간은 어딜까? 당연히 인터넷 서점에 접속하면 처음 만나는 화면이다. 업계에서는 여기를 '웰컴 페이지(Welcome page)'라고 부른다. 서점은 물론 출판사들이 가장 신경을 쓰는 공간이다. 책의 내용, 대중성 여부와 판매량을 종합적으로 고려해서 책을 선정하지만 아무래도 대형 출판사들의 노출 빈도가 높을 수밖에 없다. 기획력과 마케팅 능력이 소규모 출판사보다 좋기 때문이다. 웰컴 페이지에 전시되기 때문에 베스트셀러가 되는 것인지, 베스트셀러가 될 책이었기 때문에 웰컴 페이지에 전시되는지는 명확하지 않지만 웰컴 페이지 전시 도서가 베스트셀러가 될 확률은 분명 높은 편이다.

문학, 비즈니스경제, 인문 등 분야별로 찾아가면 만날 수 있는 '분야 페이지'에는 웰컴 페이지에는 올라가지 못했지만 좋은 책들을 비교적 많이 만날 수 있다. 전시되는 책의 수도 많고 웰컴 페이지에 비해서 경쟁이 심하지 않기 때문에 판매량 보다 책의 내용이 좋은 다양한 주제의 책들이 골고루 올라오는 공간이기도 하다.

인터넷 서점의 책배치는 대중적인 주제의 많이 팔리는 책일수록 독자들이 최소의 클릭으로 빠르게 접근할 수 있도록 되어 있다. 베스트셀러는 아니지만 좋은 책, 예전에 나와서 쉽게 찾을 수 없는 책들을 만나고 싶다면 웰컴 페이지에서 벗어나 인터넷 서점 여기 저기를 클릭해서 찾아들어가 보자. 보석 같은 책을 발견하는 재미를 느낄 수 있을 것이다.

고객에게 판매된 책은 중고 책 유통을 통해서 다시금 세상에 나온다. 예전에는 헌책방과 같은 동네의 서점들이 그 역할을 담당했다면 지금은 인터넷 서점을 통해서 중고 책 거래가 활발히 이루어진다. 인터넷 서점 입장에서는 책을 직접 판매하면서 발생하는 수고스러움도 덜면서 수수료도 받을 수 있고, 고객 유입도 노릴 수 있기 때문에 매력적일 수밖에 없다. 소장의 목적이 아니라면 중고 책을 활용하는 것도 추천할 만하다.

책에 담긴 텍스트는 종이책에만 머무르지 않는다. 바로 ebook으로의 변신이 남아있다. 명맥만 이어오던 ebook 시장이 최근 인식의 변화와 기기의 보급으로 활성화 되고 있다. 책의 편집과 제작이 컴퓨터로 이루어지기 때문에 ebook으로의 변환도 손쉬운 편이다. 출판사 입장에서는 추가적인 수입원이 될 수 있기 때문에 조금씩 시도를 하고 있다.

Part 2

# 1년에 1만 페이지 책 읽기:
## 어떻게 읽을 것인가?

◆ ◆ ◆

책을 꾸준하게 읽는 건 좋은 책을 고르는 것보다 더 어려운 일이다. 어떻게든 책에서 떨어지지 않을 수 있는 방법이 있다면 독서습관을 들이는데 어려움을 느끼는 독자에게 큰 도움이 될 것이다. '1만 시간의 법칙'처럼 누적되는 시간의 힘을, 책 읽기와 융합한 것이 바로 '1만 페이지 독서법'이다.

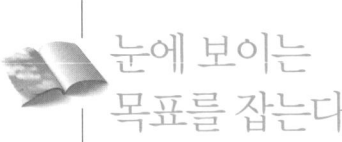

# 1장
## 눈에 보이는 목표를 잡는다

운동 부족으로 고생하는 사람들이 많다. 하루 종일 의자에 앉아 일하고 운동은 거의 하지 않으니 나오는 건 배뿐, 매년 여름철만 되면 몸매관리에 비상이 걸린다. "3개월 10만 원, 골프, 에어로빅, 운동복 제공…" 길거리에도 이런 사람들을 위한 헬스장 광고 현수막이 즐비하다.

하지만 더 심각하게 생각해야 할 것이 있다. 바로 '독서 부족'이다. 학교 다닐 때는 그나마 시켜서 억지로라도 봤는데 이제는 거의 책을 읽지 않는다. 서점에 가본 기억도 가물가물하다. 회사에서 가끔 전사 독후감 도서라고 해서 구입해 주면 그 정도에서 읽고 만다. 최근에 본 책을 떠올려 보자. '음…뭐였더라', 잘 떠오르지 않는다. 《마시멜로 이야기》, 《시크릿》 정도는 들어서 알 뿐 최근 베스트셀러가 무엇인지 잘 모르는 게 일반 직장인들의 현 상황이다.

교보문고 독서경영연구소가 2010년에 발표한 자료에 따르면 우리나라 직장인의 독서량이 연간 12권이라고 한다. 한 달에 1권 꼴이다. '나는 그만큼 읽지 않는데 생각보다 많네'라고 생각하는 사람들도 있겠지만 이건 평균치다. 한 해 동안 책을 한 권도 읽지 않는다는 직장인이 10%에 달했다는 조사 결과도 있다. 주변에서 책 읽는 직장인을 찾기가 정말로 어렵다. 지하철을 타도 음악을 듣거나, 영상물을 시청하는 사람들이 많지, 책을 읽는 사람은 보기 드물다. 일 년 동안 서점 한 번 안 가본 사람은 더 많을 것이다. 직장인, 생각만큼 책 잘 안 읽는다.

참고로 삼성경제연구소가 CEO들을 대상으로 독서량을 조사한 자료도 함께 살펴보자. 조사에 따르면 한 달에 평균 1~2권의 책을 읽는다는 응답이 54%로 가장 많았고 3권 이상 읽는다는 대답도 43%나 되었다. 한 달에 6권 이상도 8%나 되었다. 6권이라면 거의 5일에 1권씩 읽는다는 의미다. 매년 조사를 했는데 3권 이상 읽는 사람의 비중은 2008년 26%, 2009년 38%에서 점점 늘어나고 있는 추세라고 한다. 직장인보다 바쁜 CEO들이 알고 보면 책을 더 많이 읽고 있다.

사는 게 바쁘다 보니 독서는 늘 우선순위에서 밀린다. 야근에 회식에 모임에 바쁘다 보면 책을 읽어야지 하는 생각을 하기 쉽지 않다. 그리고 그 시간을 책 아닌 다른 것들로 채운다. TV, 영화, 잠, 놀러가기, 게임 등 수없이 많다. 그런 것들이 나쁘다는 건 아니다. 다만 점점 책 읽는 시간이 사라지고 있음을 걱정할 뿐이다.

꾸준히 몸을 관리하지 않으면 금세 배가 나오고 주변 사람들로부터 살쪘다는 이야기를 듣는다. 운동부족이 계속되면 지금 당장은 모르지만 나이 들어 고생하듯 독서부족도 마찬가지다. 책과 멀어지는 시간이 점점 길어질수록 다시 책 읽기가 어려워진다. 지금 당장 불편한 점은 없지만 장기적으로는 내 인생에서 소중한 열정과 생기, 관심, 지식, 발전할 수 있는 기회 등을 갉아먹는다. 지금은 모르지만 나이 들어 지식의 부족, 생각의 부족으로 고생하게 된다.

## 》 책, 읽어도 그만 안 읽어도 그만?

책이라는 것이 읽어도 그만 안 읽어도 그만인 것인가 생각해보면 그렇지 않다. 직장인들에게 있어 독서란 운동만큼이나 필수다. 빠르게 변화하는 시대에 학교에서 배운 지식으로 평생을 살 수는 없다. 회사 내에서도 시키는 업무만 수동적으로 하는 사람이 승진할 가능성은 거의 없다. 스스로 마케팅, 조직관리, 기획 등 자신의 업무 외에 회사 내에 필요한 것을 배우고 익힌 사람에게 기회가 주어진다.

책을 통해 습득하는 경제지식도 이제는 필수다. 대표적인 것이 환율이다. 일반인에게는 생소할 수밖에 없었던 '환율' 관련 도서들이 한 때 베스트셀러에 오른 적이 있다. 미국발 금융위기 때문이었다. 2008년 찾아온 금융위기로 환율은 1,500원대까지 폭등했고 많은 사람들이 고통 받았다. 외국에 아이들을 보내놓은 부모님들은 환율이 올라 애를 먹었고, 매출이 높은 중소기업이 KIKO라는 이름도 생소한 상품에 가입했던 게 화근이 되어 부도가 나기도 했다. 우리에게 정말 멀 것 같았던 환율이라는 단어마저 이렇게 실생활에 영향을 미치는 시대가 되었다. 경제도 공부하지 않으면 당장 손해 보는 시대다.

　뒤떨어지지 않으려면 꾸준히 지식을 습득해야 한다. 지식을 습득하는 가장 좋은 방법은 책을 읽는 것이다. 책을 통해 변화하는 세상에 필요한 지식을 습득한다. 직장 내 자기계발을 위해서도 독서는 필수다. 주어진 일만 해서는 위로 올라갈 수 없다. 업무 외 필요한 스킬들을 익혀나야 한다. 생존하기 위해서 우리는 책을 읽어야 한다. 책은 읽어도 그만, 안 읽어도 그만인 옵션이 아니다. 반드시 읽어야 하는 필수재다.

## 》 꾸준한 독서에는 의지가 필요하다

　책에 대한 관심을 갖고 읽어본다고 결심했을 때 아마도 처음 며칠은 책도 사서 잘 읽겠지만 금방 느슨해지기 쉽다. 책을 읽는

게 운동만큼이나 단순히 의지만으로 달성할 수 있는 일이 아닌 것이다. 그냥 열심히 하자, 운동을 열심히 하듯 책도 많이 읽자, 좋은 거니까 해보자, 이정도로 생각한다면 이 책을 덮고 나면 끝이다. 아무것도 이룰 수가 없다. 행동으로 옮겨지지 않는다. 사람의 의지는 그렇게 강하지 않다.

꾸준히 책을 읽기 위해서는, 마음먹는데 그치지 않고 구체성이 있어야 한다. 다짐만 해서는 운동을 죽어도 안하기 때문에 헬스장을 끊는 것이다. 독서 또한 그렇다. 눈에 보이는 목표를 정할 필요가 있다. "헬스장에 일주일에 3번은 꼭 가서 운동 한다. 아침에는 회사 출근하느라 바쁘니까 퇴근 후 집에 오는 길에 들려 1시간씩 운동 한다"처럼 구체적인 목표와 시간을 정해야 한다.

## 2장

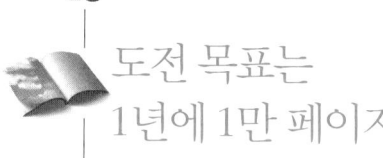
도전 목표는
1년에 1만 페이지

'느슨'해진 책과의 관계를 탱탱하게 조일 필요가 있다. 그냥 흘러가는 대로 두었다가는 책 읽는 방법마저 까먹고 말 것이다. 오랜만에 책을 꺼내들고 읽어보면 좀처럼 책이 읽어지지 않는 걸 느낀다. 조금 더 긴장해서 책을 읽을 필요가 있다. 안일한 생각은 안일한 결과를 낳을 뿐이다. 책을 읽을 때에도 목표와 계획은 반드시 필요하다.

그동안 부족했던 독서량을 채우려면 일정 기간을 정해서 일정 수준의 독서량이 되도록 읽어나가야 한다. 한두 권 읽는 것도 소용이 없다. 일정량을 읽어야 한다. 시간을 정해 놓고 많은 양을 몰입해서 읽어갈 필요가 있다. 책상에 두거나 책꽂이에 꽂아두고 읽어야겠다고 마음먹은 책들을 계속 지금처럼 '뭉그적거리면' 평생 그렇게 소장만 하다 끝날 것이다.

1만 페이지 읽기는 이런 고민들을 해결할 수 있는 방법이다. 책을 읽고 싶지만 의지가 부족해 뭔가 구체적인 계획이 필요한 사람, 그동안 부족했던 독서 부족 문제를 한 번에 해결해보고 싶은 사람 모두에게 유익하다. 책 1만 페이지 분량을 자신이 정한 시간과 기준에 맞춰서 읽어나가는 것이다. 1만 페이지 읽기라는 목표를 정하고 책에서 제시하는 방법대로 따라가면 자연스럽게 독서 습관을 회복할 수 있다. 그동안 못 봤던 좋은 책들을 보는 시간도 가지면서 부족한 독서량을 채우고 목표를 달성해 가는 재미도 얻는다.

구체적으로 제안한다면 1년 안에 읽기를 추천한다. 도전에는 목표가 필요한데 생각나는 대로 하기보다는 1년이라는 제한된 시간 속에서 자신의 목표를 향해 도전해 보는 것이 보다 성취를 쉽도록 돕는다. 1년간 조금 의식적으로 목표를 정하고, 책과 함께 하는 시간을 가져보기를 제안한다.

1년간 1만 페이지 읽기가 이 책의 목표다.

## 》 1만 페이지는 얼마나 될까

도전 목표인 1만 페이지는 책으로 어느 정도가 될까? 가늠할 수 있도록 책으로 비교해보자. 책마다 페이지수가 다른데 몇 가지 대표적인 책들로 양을 살펴볼 수 있다. 《시크릿》, 《4개의 통장》처럼 비교적 얇은 책은 230~250페이지 정도다.《일본전산 이야기》처럼 우리가 가장 자주 접하는 사이즈의 책은 280~300페이지 정도가 나온다.《아웃라이어》,《일을 했으면 성과를 내라》처럼 손에 잡힐 때 부피감이 느껴지는 비교적 두꺼운 책들은 350페이지, 그리고 양장본에 딱 봐도 두꺼운 느낌이 드는《화폐전쟁》같은 책은 500페이지가 넘어간다.

실제 책을 예로 들어보자. 경제경영·자기계발 베스트셀러로 예를 들어 한번 설정해 봤다.

스무 살에 알았더라면 좋았을 것들 (256), 스눕 (392), 혼 창 통 (304), 마켓 3.0 (300), 4개의 통장 (249), 꿈꾸는 다락방 (258), 오리진이 되라 (272), 김미경의 아트 스피치 (332), 아웃라이어 (352), 화폐전쟁 (511), 구글노믹스 (400), 나쁜 사마리아인들 (383), 스위치 (392), 일본전산 이야기 (280), 넛지 (428), 시골의사의 부자경제학 (406), 공부하는 독종이 살아남는다 (262), 10미터만 더 뛰어봐 (250), 스틱 (448), 설득의 비밀 (352), 경영학 콘서트 (368), 무지개 원리 (320), 일을 했으면 성과를 내라 (336), 좋은 기업을 넘어 위대한 기업으로 (432), 왜 일하는가 (216), 마케팅 불변의 법칙 (240), 육일약국 갑시다 (254), 티핑 포인트 (270), 회계학 콘서트 (235), 설득의 심리학 (385), 멀리 가려면 함께 가라 (296)

\* 총 31권. ( )은 페이지 수.

31권 정도 나온다. 페이지에 따라서 더 많을 수도 더 적을 수도 있을 것이다.

실제로 쌓아 보면 이 정도 된다.

이처럼 "30여 권의 책을 쌓아놓고 한번 도전해서 읽어보는 시간을 갖자"는 것이 1만 페이지 읽기의 목표다. 위의 제목들을 읽어 보자. 다들 한 번쯤은 제목을 들어봤을 책들이다. 그동안 읽고 싶어도 시간이 없어서 또 의욕이 없어서 읽지 못했다면 이번 기회에 읽어 보면 어떨까.

## 》얼마씩 읽어나가야 할까

1만 페이지를 1년간 읽어가려면 얼마씩 책을 읽어가야 할까. 책 한 권을 보통 280페이지로 계산하면 한 달에 3권, 일 년 36권이면 만 페이지를 읽을 수 있다. 한 달에 3권, '뭐 어렵겠어. 그냥 하면 되지'라고 생각할 수도 있겠지만 한 달이 30일인 것을 감안하면 열흘에 한 권씩 책을 읽어나가야 한다는 결론이 나온다. 10일에 한 권은 결코 쉽지 않은 도전 목표다. 그만큼 의욕적으로 달려들어야만 이룰 수 있다. 《2주에 1권 책 읽기》에서 필자가 말했듯, 2주일에 1권, 즉 일주일에 반 권 정도의 책을 읽어나가는 게 일반인의 보통 즐기는 독서량일 수 있다. 전작에서 설정했던 그 정도의 목표에서 이번에는 조금의 의지와 노력이 있어야만 달성할 수 있는 130% 수준으로 목표를 설정했다.

### 10일에 1권 = 1달에 3권 = 1년에 36권 = 1만 페이지

\* 보통 책의 기준

1만 페이지 읽기를 목표로 했기 때문에 읽어야 하는 책의 양은 책의 페이지 수에 따라서 다르다. 즉 페이지가 많은 인문학 책을 주로 읽는다면 훨씬 적은 25권으로도 충분히 1만 페이지를 달성할 수 있다.

목표를 권수가 아닌 페이지 수로 정한 것은 꼭 종이 책이 아니더라도 좋고, 책을 중간에 다 읽지 않더라도 괜찮다는 뜻이다. 책 한권을 다 읽어야 한다는 것에서 자유롭기 때문에 중간에 억지로 재미없는 책을 다 읽지 않아도 된다. 소문을 듣고 책을 사왔는데 막상 읽다보니 책이 재미없을 수 있다. 그럴 때는 내려놓으면 된다. 지금까지 읽은 것은 어떻게 할까? 읽은 만큼만 페이지 수를 기록하면 된다.

## 》 책 읽기가 즐거워지는 순간

처음에는 숙제한다 생각하고 책을 읽어본다. 처음 몇 번이 힘들지 결국 하다 보면 재미가 생긴다. 한 권 한 권 읽어나갈 때마다 달성율을 기록한다. 100페이지를 읽으면 1%, 2,000페이지를 읽으면 20% 달성이다. 측정표를 보면서 자신이 현재 어느 정도 위치에 있는지 판단할 수 있다.

처음에는 1만 페이지 읽기가 어려운 목표라고 생각할 수도 있다. 일단 만이라는 숫자가 그렇게 쉽게 정복할 수 있을 것 같은 숫자는 아니니까. 물론 실제로 해보니 그런 점도 있었다. 하지만 생각보다 어렵지 않았던 건 숫자를 채워가는 재미 때문이다. 분명 처음에는 1,000페이지를 달성하기가 어렵다. 종자돈을 만들 때 처음 100만 원이 어렵고, 1,000만 원이 어려운 것처럼 만 페이지의 시작점인 천 페이지까지가 어렵다. 막연하고 손에 잡히지 않겠지만 실제로 해보면 천 페이지만 넘어가는 순간, 이제는 나머지 목표량을 채워나가야겠다는 생각에 더욱 책 읽기에 빠져들 수 있다.

처음 한두 권을 읽을 때는 아무래도 독서 경험이 부족하기 때문에 책을 읽는 속도가 더딜 수밖에 없다. 하지만 어느 정도 '정상궤도'에 오르기 시작한 순간 독서는 날개를 달고 훨훨 쾌속 질주한다. 처음 100페이지를 읽기 위해 3시간이 걸렸다면 다음에는 2시간 반, 2시간, 1시간 반... 과학적으로 설명할 수는 없지만 체감하는 속도가 점점 빨라진다. 보다 적은 시간을 투자하고도 보다 많은 양을 읽어갈 수 있는 임계점에 다다랐다고 할 수 있다. 효율성의 기술을 터득하게 되는 것이다. 눈으로는 읽고 머릿속으로는 생각하고 한편에서는 저장하고 빠른 시간 안에 공장에서 제품이 만들어지듯 뚝딱뚝딱 이어진다.

1년이라는 긴 시간을 생각해보라. 무엇을 할 것인가. 그 안에 무엇을 채울 수 있겠는가. 책으로 채워보는 건 어떨까. 1만 페이지 읽기는 새해 계획으로 혹은 1년간의 자신의 계획으로 삼고 도전해보기에 좋은 목표다.

**3장**

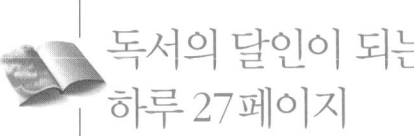
독서의 달인이 되는
하루 27페이지

## 》 하루에 27페이지면 1년에 1만 페이지를 읽는다

1년에 1만 페이지를 읽기 위해서는 하루에 책을 얼마나 읽어야 할까? 1만 페이지를 365일로 나누면 약 27페이지. 하루치 양인 27페이지는 보통 단행본 책 10분의 1의 양이다. 장으로 따지면 13~14장이니 하루에 10분만 내도 읽을 수 있는 분량이다. 지하철로 출퇴근 하는 시간이나 점심시간에만 책을 읽어도 충분히 1년에 1만 페이지 독서라는 목표를 이룰 수 있다. 이 정도 분량이 꾸준히 모이면 한 달에 3권 이상, 일 년에 36권 이상의 책을 읽는 것과 같다.

앞의 예처럼 매일 27페이지씩만 읽어가는 사람은 없을 것이다. 소설책 광고 카피에서 흔히 '절대 눈을 떼지 못하게 한다'든가 '눈을 들어보니 동이 트고 있었다'는 과장된 경우까지는 아니더라도 하루 새에 다 읽을 정도로 책에 푹 빠지는 경우도 있고, 수개월 동안 책은커녕 신문도 들춰보지 않는 경우도 있을 것이다.

이런 독서 스타일을 가진 독자라면 1만 페이지 독서법으로 자신의 독서량을 사고(思考)하면 좋다. 한번 독서를 쉬는 동안 누적되는 페이지 목표량을 계산해보자. 첫째 날에는 27페이지였던 것이, 3일 후엔 81페이지, 5일 째는 135페이지로 불어난다. 일주일만 독서를 쉬어도 189페이지나 된다. 한 달이면 840페이지에 이른다. 어느새 책 3권 분량이다. 이런 생각을 머리에 담고 살면 하루라도 독서를 안 할 수가 없다. 정말 책은 죽도록 읽기가 싫은 데 목표를 채워야 한다는 생각 하나로 27페이지를 꾸역꾸역 읽어갈 수도 있는 것이다. 술에 취해도 책 13~14장은 읽고 잘 수 있지 않겠는가?

**독서 휴무시 누적 페이지량**

1일: 27페이지

2일: 54페이지

3일: 81페이지

4일: 109페이지

……

7일: 189페이지

10일: 270페이지(책 한 권 분량)

15일: 405페이지

30일: 810페이지(책 3권 분량)

3개월: 2430페이지(책 9권 분량)

6개월: 4860페이지(책 18권 분량)

……

이처럼 1만 페이지 독서법은 한 권의 책을 페이지로 계산해 목표를 채우도록 독려해준다.

세상 모든 일이 다 그렇지만 독서도 꾸준한 반복이 중요하다. 습관이 안 된 독서는 손가락 사이로 빠져나가는 모래알과 같다. 한번 들어온 정보와 지식은 호시탐탐 머릿속을 빠져나갈 기회를 엿본다. 꾸준한 독서는 도망치려는 정보와 지식이 새로운 내용과 만나 오래도록 머물러있게 해준다. 꼭 좋은 책을 골라 읽지 않더라도 독서 습관 자체가 생각을 풍부하게 하는 힘이 된다. 독서 습관 덕에 차곡차곡 누적되는 지식과 정보는 누구도 쉽게 도달할 수 없는 큰 재산이다. 같은 책을 읽었어도 꾸준히 읽은 사람의 이해도와 정보의 양이 그렇지 않은 사람보다 훨씬 앞설 수밖에 없다.

조선시대 대표적인 독서가였던 정조는 "나는 어려서부터 반드시 일과를 정해 놓고 글을 읽었다. 병이 났을 때를 제외하고는 일과를 채우지 못하면 그만두지 않았는데, 임금이 된 뒤로도 폐

지한 적이 없다"*고 한다.

  매일 똑같은 생활을 한다는 게 얼핏 무료하게 들리겠지만 막상 시도해보면 쉬운 일이 아니다. 자고 일어나는 시간부터 우리는 얼마나 지키지 못하는가? 누구나 업무 외의 자기계발 시간을 갖고 발전하고 싶은 욕망이 있을 것이다. 처음에는 시간 계획도 알차게 짜놓고 몇 번 시도도 한다. 그러나 하루가 흐트러지고 일주일이 흐트러지고 나면 금방 의욕이 꺾이고 만다. 아무리 힘들어도 처음 그랬던 그 모습으로 하루 이틀 사흘을 최선을 다해 반복하고 열흘 이상을 유지해야 한다. 그때 습관은 기적을 낳는다.

  생활의 달인처럼 독서하라. 1만 페이지 독서법으로 누구나 독서 달인이 될 수 있다.

---

\* 《일득록(日得錄)》: 조선 제22대 왕인 정조가 경연 중에 한 말을 기록해 편집한 책이다. 정조는 아버지가 뒤주에 갇혀 죽는 광경을 목도해야 했던 불운한 왕이었으나 어릴 때부터 배움을 게을리 하지 않았고 책 편찬 등 학문을 부흥하는데 힘썼다.《일득록》에는 독서에 대한 정조의 고유한 생각들이 많아 독서법을 익히는데도 좋은 책이다.

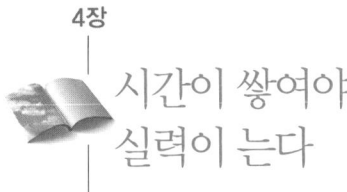

4장

# 시간이 쌓여야 실력이 는다

　　　　　박지성. 휘슬과 함께 경기가 시작되면 그의 움직임은 다른 선수들을 압도한다. '두 개의 심장'이라는 별명의 그는 지칠 줄 모르는 체력과 스피드로 전·후반 45분 경기를 쉼 없이 뛰어다니며 팀의 승리를 이끌어 낸다. 그의 현란한 발놀림, 공에 대한 끈기는 보는 이의 감탄을 자아내기 충분하다.

　국민 요정 김연아, 세계 신기록에 빛나는 피겨 금메달리스트이자 CF, 노래까지 재능을 보이는 다재다능한 소녀. 더 이상 오를 자리가 없는 그녀는 이미 피겨계의 신화로 자리매김했다. 박지성, 김연아 등 우리 주변에 존재하는 천재적인 재능을 가진 사람들, 부러움을 자아내는 그들의 재능은 어디서 비롯되는 것일까?

　이 궁금증에 대한 해답을 우리는 《아웃라이어》에서 찾을 수 있다. 자신 역시 사물의 본질을 꿰뚫는 천재적인 재능을 지니고 있는 말콤 글래드웰은 이 책에서 재능의 비밀에 대해서 이야기한다. 그는 소설가, 작곡가, 피아니스트 등 분야를 막론하고 세계적인 수준의 전문가가 되기 위해서는 1만 시간의 노력이 필요하다고 이야기한다.

그가 소개한 1만 시간의 법칙은 캐나다 몬트리올 맥길대 심리학과 교수 대니얼 레비틴 박사가 밝혀낸 결과다. 레비틴 박사는 독일 베를린 음악학교에서 5살 정도에 바이올린을 시작해 20살 정도가 된 학생들의 연습시간을 분석했다. 이들 중 뛰어난 재능을 보이는 학생들의 평균 연습시간은 1만 시간에 이르렀지만, 보통의 재능을 지닌 학생들의 연습시간은 8천 시간에 불과했다는 점을 밝혀낸다. 1만 시간이라는 연습량은 하루에 3시간 혹은 일주일에 20시간 이상을 10년 동안 꾸준히 해야만 도달 가능한 것으로 하루 연습시간 차이는 적지만 그것이 누적되면 결국 재능에서 큰 차이를 보인다는 것을 의미한다. 즉 어느 분야든 평범한 사람이 천재적인 재능을 갖기 위해서는 1만 시간의 노력이 필요하다는 것이 그의 연구 결과다.

일정한 실력에 도달하기 위해서는 시간이 필요하다. 하루아침에 이룰 수 있는 것은 아무것도 없다. 공부에는 왕도가 없다. 세상 이치가 다 그렇다. 오늘의 노력은 적지만 그런 노력이 하루 이틀 쌓이면 어느 순간, 임계점을 넘어서게 되고 자신 안에 몰라보게 실력이 쌓여 있음을 느낄 수 있다.

1만 페이지 독서력도 그런 고민에서 시작됐다. 좋은 책을 골라서 많이 읽는 게 좋은 줄은 누구나 안다. 그러나 책을 꾸준하게 읽는 건 좋은 책을 고르는 것보다 더 어려운 일이다. 책을 좋아하던 사람들도 한동안 멀리하게 되면 다시 책을 손에 들기가 쉽지 않다. 어떻게든 책에서 떨어지지 않을 수 있는 방법이 있다면 독서습관을 들이는데 어려움을 느끼는 독자에게 큰 도움이 될 것이다. '1만 시간의 법칙'처럼 누적되는 시간의 힘을, 책 읽기와 융합한 것이 바로 '1만 페이지 독서법'이다.

독서라는 것을 통해 이루고자 하는 목표는 다양하다. 자기계발서를 읽고 성공하기 위해서, 혹은 하고 싶었던 공부를 위해서, 아니면 단지 재미를 위해서일 수도 있다. 하지만 독서에 대해서 어느 정도 수준에 이르기 위해서는 공통적으로 필요한 건 바로 시간이다. 1만 페이지를 달성해 가기 위해 일 년이 걸릴 수도 있고, 사람에 따라서는 반 년 혹은 1년 반이 걸릴 수도 있다. 얼마의 시간이 걸리는가가 중요한 게 아니다. 그 시간 동안 노력해 나가는 자신의 모습과 그런 시간들이 쌓일 때 우리의 실력 또한 늘어날 것이다.

## 5장

# 1만 페이지 독서 플랜 짜기

본격적으로 1만 페이지 독서를 시작하기 전에 해야 할 일이 있다. 독서 플랜을 작성하는 일이다. 명확한 목표와 준비가 있어야 결승점에 도달하기 쉬운 법이다.

## ❱ 1단계 - 기간을 정한다

2주일에 한 권, 한 달에 2권 정도의 독서량으로 1년 반쯤 읽어가는 게 일반인이 읽기에 가장 적당한 속도와 시간이다. 하지만 1년으로 기간을 단축해 목표를 갖고 조금 더 매진해 볼 필요가 있다. 1년에 35~40여권의 책을 읽는다는 것은 한 달에 3권 정도의 책을 읽는 것으로 이것은 CEO들의 독서량에도 근접하는 수치다.

(예시)

**1만 페이지 달성 기간 : 1년**

**기간 : 2011. 2.1 ~ 2012. 1.31**

물론, 1만 페이지 달성 기간을 꼭 1년으로 잡을 필요는 없다. 책 읽기가 능숙해지면 기간을 더 줄여나가 보자. 6개월 안에 1만 페이지를 읽고, 1년에 두 번을 도전할 수도 있다. 하지만 처음부터 욕심을 부리는 건 금물이다.

## 》 2단계 – 목표와 방향 : 무엇을 읽을 것인가?

1만 페이지 독서는 정해진 책을 읽는 게 아니다. 자신이 원하는 방향에 맞게 자신이 직접 책을 고르고 읽어나가야 한다. 그럼 어떤 책을 읽어야 할까? 그건 자신이 1만 페이지 독서를 통해서 얻어가고 싶은 것에 달려 있다.

(1) 가장 먼저 생각하는 것은 그동안 읽지 못했던 책들을 읽어나가는 방법이다. 부족했던 독서량을 채우고 싶은 사람들에게 유용하다. 사놓고서 읽지 않은 책, 좋은 책이라고 해서, 혹은 누군가에게 추천을 받고 읽지 못했던 책들을 읽어가는 시간으로 삼는다.

(2) 회사에서 하고 있는 담당 업무와 관련된 분야, 승진 혹은 발전을 위해서 읽어야 하는 공부 관련서들을 생각해 볼 수 있다. 마케팅이나 회계 분야처럼 보다 나은 직무 능력을 위해 도움이 되는 책들을 읽어본다.

(3) 필독서 완독의 기회로 삼을 수도 있다. 직장인이라면 누구나 읽어야 한다고 이야기 되는 책들, CEO들이 추천한 책들, 이를테면 매년 발표되는 삼성경제연구소 CEO 여름휴가 추천 20선들을 떠올릴 수 있다.

## 3단계 - 예비 목록 작성

1만 페이지 목표와 방향을 정했다면 다음으로 할 일은 예비목록을 작성하는 일이다. 책을 사서 읽을 때마다 무엇을 읽을지 고민해야 한다면 시간이 많이 걸릴 수밖에 없다. 책을 읽어야 할 때, 구입할 때 예비 목록을 보고, 그리고 그날그날 느낌이 가는 책을 읽는다. 한 권 다 읽고 나면 다시 예비 목록을 보고 다시 구입하는 식으로 진행한다. 책을 읽다가도 읽고 싶은 책, 재미있는 책을 발견하면 예비 목록에 추가하면 된다. 풀(pool)과 같다. 채워놓고 필요할 때마다 꺼내 쓴다. 물론 계획대로 책 읽기가 이루어지는 건 아니다. 한 권을 읽고 다른 책에 갑자기 꽂힐 수도 있고 처음에 생각했던 것과는 다른 방향으로 독서가 이뤄지기도 한다. 하지만 예비 목록은 전체적인 방향을 잡아주기 때문에 필요하다.

1만 페이지 책 읽기를 위해 전체 필요한 수량인 30~35권 중에서 먼저 10~20권 정도를 미리 계획해둔다. 책 목록은 앞서 작성한 독서 방향과 목표에 따르면 된다. 예를 들어 회사 업무와 관련된 책 읽기를 한다고 했을 때 마케팅이나 회계 관련 책들을 목록을 잡으면 된다. 필독서 완독의 기회로 삼고자 한다면 SERI CEO 여름휴가 추천도서와 같은 CEO들이 추천한 도서, 신문에서 선정한 올해의 책 등을 목록에 추가한다.

비슷한 주제의 책들 중에서 어느 책을 골라야 할지 막막할 때는 어떻게 해야 할까. 가장 기본적인 것은 역시 판매량과 평점이다. 많은 사람이 읽고 좋다고 하는 책은 당연히 괜찮을 거라고 생각해 볼 수 있다. 여기에 작가, 출판사 교집합을 해보면 보다 빠른 시간 안에 효율적으로 좋은 책을 찾아낼 수 있다.

일부에서는 출판사에서 판매량을 조작한다고 우려하기도 하지만 그 우려보다도 더 큰 기준이 된다고 생각하는 것이 바로 독자들이 실제로 구매한 판매량이다. 만약 판매량이 마음에 걸린다면 출간 일을 감안하면 된다. 출간이 6개월이 넘었는데도 베스트셀러 목록에 올라와 있다면, 평점 또한 4개 이상이라면 우선 볼 책으로 체크한다.

출판사를 보는 것도 도움이 된다. 어떤 출판사는 좋고 어떤 출판사는 나쁘다라는 선입견을 버리고 구매에 도움이 되는 정도로만 참고한다면 괜찮다. 일반적으로 메이저 출판사라고 하는 큰 출판사의 책을 일단 보고, 주제별로 특정 주제에 관해서 잘 다루고 있는 출판사의 책들을 보면 도움이 된다. 특정 주제에 관한 책을 계속 내는 저자나 출판사의 책을 읽어간다면 실패할 확률도 적어진다.

저자 중에는 특정 주제만을 전문적으로 쓰는 사람들이 있다. 괜찮은 저자라고 생각하는 사람들을 아래 표에 담아봤다. 특정 주제에 대해서 전문성을 갖추고, 글쓰기 또한 잘하기 때문에 필자 역시 이 저자들의 책이라면 어느 정도는 믿고 가는 편이다.

| 저자 | 주제 | 대표작들 |
|---|---|---|
| 말콤 글래드웰 | 경영 전반 | 《티핑 포인트》, 《블링크》, 《그 개는 무엇을 보았나》, 《아웃라이어》 |
| 필립 코틀러 | 마케팅 | 《브랜드 마케팅》, 《퍼스널 마케팅》, 《카오틱스》, 《마켓 3.0》 |
| 장하준 | 경제 | 《사다리 걷어차기》, 《쾌도난마 한국경제》, 《나쁜 사마리아인들》 |
| 최진기 | 경제학 | 《지금 당장 경제 공부 시작하라》, 《경제 상식 충전소》 |
| 팀 하포드 | 경제학 | 《경제학 콘서트》, 《경제학 콘서트 2》, 《경제학 카운슬링》 |
| 전옥표 | 업무 성과 창출 | 《이기는 습관》, 《동사형 인간》, 《킹핀》 |
| 토드 부크홀츠 | 경제학 | 《죽은 경제학자의 살아있는 아이디어》 |
| 잭 트라우트 | 마케팅 | 《포지셔닝》, 《리포지셔닝》, 《마케팅 불변의 법칙》 |
| 이종선 | 인간관계 | 《따뜻한 카리스마》, 《멀리 가려면 함께 가라》 |
| 피터 드러커 | 경영 전반 | 《프로페셔널의 조건》, 《피터 드러커의 자기경영노트》 |

책을 골라 앞표지 뒤, 왼쪽 날개를 펼쳐보면 저자 약력이 나온다. 책을 사기 전 저자 약력을 꼼꼼하게 살펴본다. 책을 몇 권 정도 더 썼는지 주제와 관련된 경력을 가지고 있는지 살피는 것도 도움이 된다. 책의 질은 저자 양력에 비례한다. 그 사람이 살아온 세월만큼 그 사람이 보고 듣고 느낀 것만큼 책에 반영이 된다. 책과 관련 없는 약력이 포함된 경우라면 마이너스다. 주례사를 하듯 자신이 지나온 길을 주저리주저리 늘어놓는 경우 책의 결과물이 신통치 않은 경험이 많다.

책 뒤 추천사는 참고 정도로만 생각하고 넘어간다. 출판사의 요청이나 저자와의 인맥으로 써주는 경우가 많아서 참고로만 하는 게 적절하다.

설명한 것처럼 '베스트셀러＋평점＋저자약력＋출판사' 이정도만 보면 누구나 어느 정도는 좋은 책을 고르는 기준을 삼을 수 있다. 이게 물론 완벽한 기준이 될 수는 없다. 하지만 확률 상으로 실패를 줄여주는 방법이 된다.

### 베스트셀러 + 평점 + 저자약력 + 출판사

\* 실패하지 않는 책을 고르는 기준

예비 목록들을 종이에 메모해 놓는 것이 불편할 수도 있다. 인터넷 서점에서 제공하는 위시리스트(wish list) 기능을 이용해서 읽고 싶은 책을 메모하는 방법도 좋다. 책 제목 혹은 ISBN만 알고 있어도 편하게 기록할 수 있다. 한 곳에 모아 놓았기에 이벤트 여부, 특가 할인 여부 등을 한 눈에 살펴 볼 수 있다. 사거나 구입한 책을 하나씩 지워나가는 것도 재미있다.

## 》 4단계 - 구매

1만 페이지 독서를 위한 도서 목록을 작업하고 나서 실제로 책을 구입한다. 한 번에 모든 책을 구입할 필요는 없다. 읽어가는 과정 속에서 읽고자 하는 책이나 방향이 변동될 수 있기 때문에 2~3권씩 나눠서 구입해 읽는다.

가격할인을 잘 이용해서 책을 구입하면 보다 싸게 읽을 수 있다. 책은 신간과 구간이 있다. 책 할인율은 정가제법의 적용을 받는다. 정가제법은 신간, 즉 책이 출간된 지 1년 6개월 이내 도서의 경우 할인을 10%로 제한하고 있다. 대부분의 온라인 서점 도서가 10%+10% 할인 판매를 하는 이유는 여기에 있다. 일부 도서들은 신간인데도 20~50%까지 할인 판매를 하기도 한다. '실용 코드' 도서라고 해서 정가제법 제외 도서다. 실용코드는 책 뒤표지를 보면 확인할 수 있다. ISBN(국제표준도서번호) 표시 뒤에 보면 다섯 자리 숫자가 있는데 가장 앞 숫자가 1로 시작되는 책이 실용 코드 도서다. 경제경영서 혹은 여행, 취미 실용서 등에 많이 있다.

구간, 즉 출간된 지 1년 6개월이 넘은 도서들은 자유롭게 할인 판매가 가능하다. 요즘은 50% 할인 판매하는 도서도 많다. 구간에도 좋은 책이 많다. 그러다 보니 상대적으로 신간 도서를 구매하는 것이 비싸다는 생각이 들 수도 있다. 하지만 읽고 싶은 책은 대부분 신간일 확률이 높다. 덧붙이자면, 한 권 한 권 책을 어렵게 내는 출판사를 위해 되도록 신간 서적을 사보는 것이 좋다. 그것이 출판사가 지속적으로 좋은 책을 만들어내는 원동력이 된다.

가격이 부담스럽다면 중고판매를 이용하는 것도 방법이 된다. 일단 구매한 후 중고로 재판매하는 것도 돈을 아낄 수 있는 방법이다. 헌책이라고 해도 그렇게 나쁘지 않다. 반대로 읽은 책을 중고로 팔아도 된다. 책은 다른 상품들에 비해 상대적으로 중고거래가 편하고 활발하다. ISBN으로 구별 되어 어디서나 동일한 상품으로 거래할 수 있고, 그리고 중고 도서라고 해도 그렇게 헌 것이 아니기 때문에 읽는데 불편한 점이 없다.

소장의 목적이 아니라면 도서관에라도 가서 빌려 보도록 한다. 동네 근처마다 크고 작은 도서관들이 많이 있다. 대형마트에 가듯 편안한 마음으로 들러보면 의외로 좋은 시설과 서비스를 만날 수 있을 것이다. 무엇보다 빌려볼 수 있는 책이 많다. 무료 인터넷을 이용할 수 있고 간단한 식사도 할 수 있다. 아이들을 위한 어린이 도서관도 준비되어 있는 곳이 많다.

집 안에 쌓인 사 놓고 안 읽는 책은 팔도록 하자. 중고로 판매하여 지금 꼭 읽고 싶은 신간을 구매하는 것도 괜찮은 책 교환 방법이라고 할 수 있다. 나에게 필요하지 않은 책이 누군가에게는 필요한 책이 될 것이고 나는 묵혀둔 책을 버리고 새로 읽고 싶은 책을 얻을 수 있기 때문이다.

## 5단계 – 읽기

준비단계가 끝났다면 이제 본격적으로 책을 사고 구매하고 읽어가는 과정이다. 1만 페이지 독서가 목표로 하고 있는 분량은 그냥 생각나는 대로 해서는 달성할 수 없다. 한 달에 3권이라는 독서량은 열흘에 1권이다. 물론 열흘에 1권 읽는 게 그냥 책만 읽는다면 충분히 달성가능한 시간이지만 열흘 동안 책만 읽는 건 아니다. 출근도 해야 하고, 일도 해야 하며 집안일에 사람들도 만나야 한다. 그냥 지금처럼 해온다면 실제로 책을 읽는 시간은 몇 시간 안 될 것이다. 따라서 조금은 의식적으로 시간을 내고 만들어야 한다. 1만 페이지 독서를 시간나면 나는 대로 실천하면 지금과 다를 바가 없다. 하루에 어느 정도의 시간을 낼 수 있는지 열흘 동안 한 권의 책을 읽으려면 어떻게 해야하는지 구체적으로 생각해볼 필요가 있다.

대부분의 사람들이 주말에 몰아서 읽어야지 하는 생각을 할 것이다. 주중에는 쉬고 주말에 읽겠다는 생각은 하지 않는 것이 좋다. 주말이 되면 부족했던 잠도 몰아 자야 하고 조금은 느긋하게 TV도 봐야하고 가족들과도 놀아줘야 한다. 조용히 앉아 책 읽는 시간을 내기 어렵다. 오히려 바쁘고 긴장이 되었을 때, 일상 중에 독서하기가 훨씬 수월하다. 주중에 꾸준히 해두면 주말에 몰아서 책을 읽는 부담도 덜어진다. 주말에 읽어야지 했다가 예상치 못한 일이 생겨서 책을 못 읽게 되면 일주일이 그냥 날아간다.

바쁜 시간을 쪼개 읽어야 집중력이 높아진다. 《공부하는 독종이 살아남는다》의 저자 이시형 박사는 약간의 긴장감이 공부하는데 더 도움이 된다고 이야기한다. 너무 늘어져서 읽으면 긴장감이 풀린다.

책을 읽을 때 책을 곳곳에 비치하는 것도 도움이 된다. 즉 '까먹지' 않도록 도와준다. 자주 눈에 보아야 잊지 않는다. 보면 생각나기 마련이고 자주 읽게 되는 법이다. 집안 곳곳에 내가 생활하는 반경 곳곳에 책을 늘어놓는다. 화장실, 침대, 소파, 가방 안, 회사 책상 위 어디든 좋다.

## 》 6단계 - 읽고 나서

### 음미하기

책을 다 읽고 나면 다시 처음으로 돌아가 책의 내용을 생각해

볼 시간을 갖는다. 음미하는 과정이다. 영화를 보고 나서 같이 본 친구와 감상을 나누며 평점을 매겨보는 것과 같은 시간이라 할 수 있다. 책이 하고자 하는 말과 주요 내용을 먼저 되새겨 본 후 자신이 밑줄 그은 부분들을 중심으로 책의 내용을 다시 한 번 살핀다. 자신이 감동을 받고 중요한 부분이라고 느꼈던 부분이 무엇인지 살핀다.

### 페이지 수 기록, 달성율 표시

지금 읽는 한 권의 책은 1만 페이지 읽기라는 과정 중의 한 권일 것이다. 읽은 페이지 수를 기록하며 내가 지금 어느 정도 목표를 달성하고 있는지 살핀다. 혹 중간에 책을 읽다가 그만두었더라도 지나가지 말고 페이지를 추가한다. 한 권의 책을 완성하지는 못했지만 일부분을 읽은 것만으로도 독서력을 쌓는 훈련을 하고 있는 것이다.

e=mc2   300p
거의 모든 것의 역사   245p
…
반짝 반짝 빛나는   250p
현대카드처럼 마케팅 하라   240p

---

합계: 1730p (17%) / 1월

기록

지금 읽은 책의 느낌과 감상을 머릿속으로만 기억한다면 곧 잊어버리기 마련이다. 조금은 수고스럽고 번거롭더라도 기록으로 남겨둬야만 나중에 책을 떠올리는데 도움을 받을 수 있다. 기록은 두 가지 방향으로 진행되는데 하나는 책의 내용을 기록하는 것이다. 물론 책의 내용을 전부 기록할 수 없기 때문에 중요 내용과 밑줄 그은 부분을 중심으로 기록해둔다. 이렇게 해두면 굳이 책을 나중에 살펴보는 수고를 하지 않더라도 기록한 부분만으로 책의 핵심을 찾을 수 있다.

또 하나는 발자취를 기록하는 일이다. 독서는 언제나 한 권의 책으로 끝나지 않고 서로 이어져 있다. 1만 페이지를 읽어가는 과정 또한 수십 권의 책의 발자취를 남긴다. 책 한 권을 읽고 나면 기존에 읽었던 책과의 연관성을 찾아 줄을 긋는다. 저자가 같거나 같은 주제의 책이라면 보다 직관적으로 줄을 그을 수 있다. 지금까지와는 동떨어진 책이라면 당연히 새로운 줄이 시작될 것이다. 이렇게 줄을 그어놓으면 내가 지금 읽고 있는 독서의 길을 보다 선명하게 살펴볼 수 있다. 내가 지나온 길에 대한 과거의 기록임과 동시에 앞으로 내가 어느 쪽으로 책을 읽어 나가야 하는지를 결정할 때 이정표가 되어준다.

블로그에 올려 공유하기

기록한 내용을 혼자 보는 것도 좋지만 다른 사람들과 공유하는 것 또한 필요하다. 블로그 등 인터넷 공간에 자신이 읽은 책과 감상을 적어 다른 사람들과 의견을 공유한다. 밑줄 그은 좋은 문장을 트위터를 포함한 소셜 네트워크 서비스에 실시간으로 올려 사람들의 반응을 본다. 어디서 발견한 문구인지 사람들이 관심을 가질 것이고 그들과 이야기하면서 자연스럽게 서로 알고 있는 정보를 공유하며 지식의 깊이를 보다 넓힐 수 있다.

이렇게 쌓아온 기록들은 나중에 자신만의 재산으로 활용할 수도 있다. 이력서를 쓰거나 다른 사람에게 홍보를 해야 하는 일이 있다면 그냥 이메일 주소만 알려주기 보다는 독서 블로그를 함께 설명하는 것은 어떨까. 다른 사람과 차별화할 수 있는 좋은 방법이 될 것이다.

이렇게 자신의 생각을 표현하고 글을 쓰는 과정들을 통해 우리가 평소에 별도의 교육을 통해서 얻고자 했던 창의성과 표현력을 기르는 훈련을 할 수 있다. 머릿속으로 생각한 것과 글로 쓰는 것은 천지차이다. 머릿속으로는 유창하게 나오지만 실제로 글을 써보면 막막하기만 하다. 글을 써본 경험이 별로 없는 지금의 우리들이 특히 그렇다. 작성하고 공유하면서 자연스럽게 자신의 생각을 표현하는 훈련을 할 수 있다.

**6장**

책이 항상 옳은
것은 아니다

　　　　　　책이란 항상 절대적으로 옳은 것이라 생각하며 논박하기를 피하는 경향이 있다. 어릴 때 들인 책에 대한 경외심이 한 몫 하는 것 같다. 책이란 신성시할 존재, 절대적으로 옳으며 그렇기 때문에 책에 대해서는 한 수 접고 들어가는 경향들이 있다. 옛날에는 물론 그랬을 수 있다. 하지만 책에 대한 개념이 예전과는 많이 달라졌다. 책에 대한 생산과 소비의 속도가 점점 빨라졌다. 예전처럼 소수의, 오래 다듬어진 책이 아니라 대량 생산, 대량 소비되는 책의 시대다. 누구나 자유롭게 책을 쓸 수 있기 때문에 예전처럼 모든 말을 있는 그대로 받아들일 필요는 없다. 책도 틀릴 수 있다. 교과서에 나온 내용처럼 검증을 받고 나온 내용이 아니다. 저자의 주장은 말 그대로 저자의 주장일 수 있다. 근거가 허무맹랑할 수도 있고 억지로 의견을 전개할 수도 있다. 또한 내 의견과 다를 수 있다. 수없이 많은 찬성과 반대의 의견에 대해서 다른 관점으로는 저자의 주장이 내가 생각하는 것과 다를 수 있다. 읽어가면서도 옳은지 그른지 따져보면서 읽어야 한다.

그냥 책의 내용을 있는 그대로 읽어가는 것은 옳지 않다. 모든 책을 무비판적으로 받아들이는 것은 귀가 얇은 사람과 같다. 주변 사람들의 말에 쉽게 흔들리고 스스로의 생각이 없다. 지금까지 내가 생각했던 것과 반대되는 의견과 근거를 아무런 비판 없이 있는 그대로 받아들인다면 자신의 배경지식과 생각들은 뒤죽박죽 엉망이 될 것이다.

독서를 하는 동안 우리에게 필요한 것은 비판적 사고다. 비판적 사고는 저자와 동등한 입장에서 책을 읽는 것으로 시작된다. 저자가 하는 말이 맞는지, 그냥 듣고 받아들이는 입장이 아니라 동등한 입장에서 주장의 근거를 검토하는 과정을 거쳐야 한다.

논리적 근거가 옳은지 질문하라. 예를 들어 부동산 값은 앞으로도 계속 오른다고 주장하는 책이 있다면 정말 맞는지 생각해 보라. 그렇기 위해서는 무엇이 필요할까? 바로 배경지식이다. 부동산에 대한 자신만의 기본 지식과 의견이 있어야 하고 이를 바탕으로 저자의 의견이 논리적으로 맞는지 판단할 수 있어야 한다. 아니면 저자의 말에 휘둘릴 수밖에 없다. 다음으로 저자의 주장을 현실에 적용해 보라. 책이 아닌 현실에서도 적용 가능한 내용인지 따져봐야 한다. 또한 주장에 일관성이 있는지도 살펴봐야 한다. 이런 비판적 사고에 근거한 적극적인 참여와 분석의 과정을 통해서 책에 대한 깊이 있는 이해가 이루어진다.

책에도 궁합이 있다. 나랑 잘 맞는 책이 있다. 읽어가는 도중 정말 아니라는 생각이 든다면 미안한 마음 없이 그냥 내려놓아라. 당신과 그 책은 궁합이 맞지 않는다. 혹은 그 책이 틀렸을 수 있다. 그러니 내려놓고 다른 책을 읽어라. 자신에게 맞는 책을 찾아 읽고 그 사람이 추천하는 책을 읽는다. 100만 독자가 읽은 베스트셀러라고 해서, 그 판매부수에 짓눌려서 무조건 좋다고 할 필요는 없다. 모든 사람에게 맞는 책이란 존재하지 않는다. 1권을 재미있게 읽어서 2권을 구입했는데 별로일 수도 있다. 안 읽으면 그만이다.

1만 페이지 읽기를 하는 과정에서 마음에 들지 않는 책이 나오면 부담 없이 내려놓는다. 책 한 권을 다 읽지 않아도 일부분이라도 읽었던 페이지들은 숫자로 계산해 채운다. 첫 30페이지를 읽고 내려놓았다면 30페이지를 추가하면 되니 시간 낭비는 아니다.

## 7장
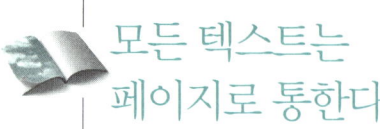
# 모든 텍스트는
# 페이지로 통한다

## 》 페이지 단위로 쪼개서 읽어라

 1만 페이지 독서법의 핵심 중 하나는 책을 페이지 단위로 분리해 생각한다는 점이다. 보통 '책 한 권을 다 읽었어'라고 말할 때 진짜 기억에 남는 문장이나 내용은 그리 많지 않다. 심지어 책 제목을 떠올리는 것조차 어려운 경우도 많지 않은가! 줄거리가 중요한 소설책은 다르겠지만 그밖의 책들은 필요한 정보만 찾아 읽는 발췌독을 해도 큰 문제가 없다. 그렇게 골라서 읽은 페이지도 1만 페이지 독서량의 일부가 되는 것이다.

 우리가 읽는 일반 책은 논문처럼 완전한 기승전결의 구조를 갖지 않는다. 연구목적을 밝히고 그간의 유사연구를 검토한 뒤 많은 자료와 함께 자신의 주장을 논증하는 논문 스타일의 글은 일반 독자들을 금방 질리게 한다.

특히 최근의 책들은 독자가 전후 맥락을 몰라도 일단 책을 펼치면 어떤 꼭지든 재밌게 읽을 수 있도록 만들어진다. 출판사에서는 저자에게 글을 의뢰할 때 원고에서 가장 흥미롭고 핵심적인 내용이 초반 100페이지를 넘어가서는 안된다고 아예 못박아 놓기까지 한다. 《아웃라이어》를 한 번 보라. 초베스트셀러인 이 책의 핵심인 '1만 시간의 법칙'은 2장(1부)에서 나온다. 그리고 가장 흥미로운 사례로 나왔던 IQ 195인 랭건의 이야기는 4장(1부)에서 나온다. 하지만 책의 후반부인 2부에서 다뤘던 내용을 기억하거나 말을 꺼내는 사람은 거의 없다. 그 책의 2부는 1부의 들러리인 셈이다. 베스트셀러일수록 이런 공식에 충실하다.

이처럼 꼭 한 권의 책을 모두 읽어야만 그 책의 핵심을 알 수 있는 것이 아니다. 책 한 권의 내용이 버릴 것 없이 모두 알차기도 힘든 일이다. 재미있다고 생각되거나 꼭 필요한 부분만 찾아 읽고 페이지량을 계산해 1만 페이지 목표량을 채워나가도 좋다. 《아웃라이어》를 읽겠다면 1만 시간의 법칙을 설명하는 2부와 4부의 100페이지만 읽으면 된다. 이 정도 분량이면 서점에서 잠깐 읽어도 되는 분량이다.

책을 펼치면 일단 눈으로 훑어본다. 그러다 소제목에 꽂히거나, 특정 키워드에 꽂히는 부분이 나오면 그때부터 집중해서 50페이지 정도를 읽는다. 그렇게 읽어보고 별로라 생각되면 다른 책을 찾아보면 된다. 흥미가 떨어진 책을 질질 끌며 붙잡고 있지 마라. 재미도 없는 책에 꼼짝없이 묶여 시간만 축내는 건 어리석은 일이다. 그런 책은 한 쪽으로 잠시 치워놓고 새 애인을 만나러 가듯 독서여행을 떠나는 것이 훨씬 낫다.

## 》 신문과 잡지도 페이지로 계산하라

그럼 신문과 잡지는 어떨까? 먼저 신문과 잡지를 일반 책과 비교해보자. 잡지는 사진이 많고 한 주제의 글이 무척 짧다. 잡지 한 권에 글을 싣는 사람도 여러 명이고 주제도 다양하다. 또한 제호 아래 정기적으로 발행되기 때문에 잡지 한 권의 값어치가 작고 그 수명도 짧다. 2월호가 나오면 1월호는 잊히고 폐기되기까지 한다. 그만큼 잡지는 트렌드에 민감하다. 주간지의 경우는 더 심하다고 할 수 있다.

그럼 신문은? 신문은 이제 하루살이 신세도 안 되는 것 같다. 인터넷 언론과 트위터 같은 소셜 미디어에 밀려 속보 경쟁은커녕 따라가기도 급급한 처지가 되었다. 많은 신문이 기획과 특집 기사에 더 신경 쓰는 것도 그런 이유이다. 오히려 역설적으로 변화한 미디어 환경 때문에 신문과 잡지는 정보의 질에 더 민감하게 되었다.

이에 비해 책은 정보의 집중도가 높다. 책 전체가 저자의 순저작물이라고 할 수 있다. 책 한 권 자체로 하나의 완결성을 지니고 있어서 독립적인 지위를 갖는다. 그런데 잡지, 신문, 일반 책의 중요한 공통점이 있다. 주된 텍스트가 있고 페이지 단위로 쪼개기가 가능하다는 것이다.

책은 잘 안 읽지만 신문은 꼭 보는 사람들이 있다. 꼭 일간지가 아니더라도 아침에 나눠주는 무가지들을 항상 챙기는 이들이 적지 않다. 적어도 이들은 활자로 된 텍스트를 통해 하루에 꽤 많은 정보를 얻는다.

보통 일간지는 40면으로 구성된다. 신문 1면에 평균적으로 200자 원고지 25매가 들어간다고 하면 원고지 1,000매로 보통 단행본 1권 분량을 넘는다. 광고나 사진을 생각해도 꼼꼼히 신문 1부를 챙겨 읽으면 책 한 권 분량의 텍스트를 읽게 되는 것이다.

하지만 신문 한 면 한 면을 꼼꼼하게 보는 사람은 거의 없다. 제목만 훑어보고 흥미가 가는 기사만 읽기 마련이다. 한번 오늘 읽은 신문 기사의 개수를 세어보자. 그리고 중요도가 높은 기사 1개당 1페이지로 환산해보자. 잡지의 경우도 마찬가지다. 10개의 기사를 읽었다면 10페이지가 된다. 면이 큰 신문은 기사별로 페이지를 체크하는 것이 현명하다. 그리고 이를 1만 페이지 목표량에 넣어도 된다. 이렇게 본 기사들도 마찬가지로 메모를 해두거나 1만 페이지 체크목록에 체크해두면 정리가 돼 나중에도 잊지 않고 기억할 수 있다. 책과 그밖의 텍스트를 처음부터 분리해 목표량을 관리해도 좋다. 책은 책대로 1년에 1만 페이지를 읽고 신문·잡지 또한 1년에 1만 페이지 읽기를 하는 것이다.

신문과 잡지의 외부 기고 칼럼이나 기획 특집 면은 책에서 얻을 수 없는 정보와 신선한 시각이 번뜩이는 경우도 많다. 이런 기사들은 나중에 책으로 엮어져 나오는 경우가 상당하다. 실제로 출간되는 많은 책들의 저자가 현직 기자인 경우가 상당하다. 그런 글은 미리 책 몇 페이지를 본 것과 다름없다. 특히 신문마다 한 주에 한번씩 나오는 책 소개면은 잘 모아두면 두툼한 '서평모음집'일 뿐만 아니라 '트렌드서' 역할도 해준다. 지금 시대의 사람들이 가진 고민과 불안은 무엇이고, 무엇을 기대하고 있는 가를 신간 도서 소개를 통해 읽어낼 수 있다.

이 글에서 비록 페이지 단위로 끊어서 읽기를 강조하기는 했지만 일부러 책을 쪼개서 볼 필요는 없다. 독서습관을 들이기 위해서는 한 권의 책을 다 읽는 것도 중요하다. 4~500페이지 정도 되는 두꺼운 책 한 권을 완독하고 독서 목표치를 한 번에 달성하는 것도 1만 페이지 독서의 큰 즐거움이다.

## 8장
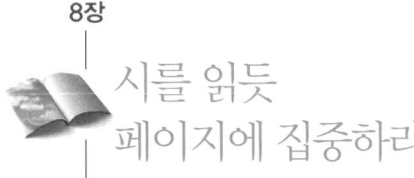
시를 읽듯
페이지에 집중하라

　　　　　　1만 페이지 독서법은 단순히 목표량만을 강조하는 것이 아니다. 1년에 1만 페이지를 읽겠다는 독서 계획은 자칫 어느 순간 책을 통해 지식을 쌓고 생각을 풍부하게 하겠다는 진짜 목표는 잊은 채 목표량을 채우는데 급급해질 수도 있다. 하지만 1만 페이지 독서법에는 성취를 위한 목표 외에도 중요한 것이 있다. 책을 페이지 단위의 텍스트로 본다는 사실이다. 이런 관점은 책을 읽을 때 한 페이지의 내용에 더욱 집중하게 해준다.

> 책은 숲이고 페이지는 나무다

　한 권의 책을 숲이라고 했을 때 한 페이지는 나무라고 할 수 있다. 흔히 멀리 내다보지 못하고 생각이 짧은 사람들을 두고 나무만 보고 숲을 보지 못한다고 나무라지만 여기에도 맹점이 있다. 숲만 보고 나무를 보지 못하는 사람들은 눈앞에 있는 작은 것들의 소중함을 모른다. 크고 넓은 것만 바라보다가는 나에게 굴러들어온 기회가 일생의 기회인 줄도 모르고 놓쳐버리기 쉽다. 세상을 바라보는 시야는 확장과 집중을 오갈 때 깊이와 함께 현실감각을 지니게 된다.

책을 읽는 것을 숲 산책하기와 비유한 시가 하나 있다. 다니카와 순타로(1950년 문예지 『문학계』를 통해 데뷔한 일본의 대표적 국민 시인)의 〈숲에게〉라는 시이다.


## 숲에게

_ 다니카와 순타로


읽는 사람의 눈은
꿈틀거리는 문자의 숲을 헤집고 들어간다
읽는 사람의 귀는
페이지마다 가만히 내리는 빗소리를 듣는다
읽는 사람의 입은
반쯤 벌어진 채 할 말을 잃고

읽는 사람의 손은

어느새 주인공의 팔을 잡고 있다

읽는 사람의 발은

돌아가려다 이야기의 미로에 길을 잃고

읽는 사람의 마음은

어느덧 보이지 않는 지평선을 넘는다


이 시를 읽다보면 숲길을 거닐고 있는 느낌이 든다. 모름지기 독서란 이렇게 마음의 긴장을 풀고 길을 잃기도 하면서 책 속으로 들어가는 것인지도 모른다. 하지만 우리가 읽는 모든 책에서 이런 독서의 맛을 제대로 느끼기는 어렵다. 하루가 다르게 바뀌어가는 세상에서 그때그때 알아야 할 지식은 넘쳐나고 익힐 수 있는 시간은 짧다. 더군다나 그럴듯한 제목과 포장으로 많은 책들이 독자들을 유혹하지만 정작 정신없이 푹 빠질만한 책들을 찾아보기란 힘들다. 책의 종류에 따라서도 우리는 독서법을 선택적으로 할 수밖에 없다. 소설책 읽기와 경제경영서 읽기가 같을 수는 없을 것이다. 또 달리 보면 서점에 보고 싶은 책들이 너무나 많을 수도 있다. 이 책도 보고 싶고 저 책도 보고 싶을 때 우리는 1만 페이지 독서법으로 유용하게 독서를 즐길 수 있다.

## 》한 페이지를 읽더라도 깊고 진하게

1만 페이지 독서법은 오늘 읽는 책의 분량 안에서 그 텍스트에 깊은 주의를 기울이고 사고하도록 유도한다. 한 권의 책을 다 읽는다는 것에서 벗어나 내가 읽는 부분만큼은 오늘 완전한 나의 것이 되어야 한다. 시집을 읽을 경우를 생각해보자. 시집에 담긴 시들은 보통 1페이지나 2~3페이지로 끝이 난다. 그 페이지 안에 시 한 편이 들어있다. 시를 읽을 때는 누구나 정성스럽게 읽는다. 여러 은유와 상징의 의미를 곰곰이 생각해봐야 하고 몇 번씩 눈을 줘야 문장이 이해되기 때문이다.

비록 150페이지 안팎에 50여 편의 시가 들어있는 시집 한 권의 분량은 일반 책에 비해 적지만 한 편마다의 의미는 작지 않다. 한두 페이지에 불과한 내용이지만 그 가치는 상상이상일 수도 있다. 1만 페이지 독서법은 시 한 편을 읽듯 한두 페이지의 짧은 글을 읽더라도 깊게 파고들어 읽도록 해준다.

1년 동안 꾸준한 책 읽기를 하면서 집중해서 오늘의 텍스트를 읽고 기록을 남기는 것이 1만 페이지 독서법의 핵심이다. 1만 페이지 독서법의 생각들을 유념하면서 1년 동안 꾸준히 목표를 향해 간다면 어느 순간 눈에 보이지 않는 지평선을 넘게 될 것이다.

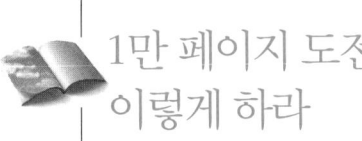

9장

# 1만 페이지 도전 이렇게 하라

## 〉 2주에 1권 책 읽기 그리고 1만 페이지 읽기

1. 적어도 2주일에 한 권씩은 책을 읽자.
2. 책을 통해 나를 되돌아보는 시간을 갖고, 부족함을 채우자.
3. 문학책이든 실용서든 가능한 자신의 생활에 비추어 보고 배울 점을 찾는다.
4. 자신을 꾸준히 관리하고, 목표를 향해 한 발 한 발 나아간다.

위 내용은 필자의 전작 《2주에 1권 책 읽기》의 핵심 내용이다. '2주에 1권 책 읽기'는 독서습관을 기르는 것이었고 그 독서습관은 결국 나의 발전을 위한 독서습관이었다. 이 책 또한 그 책의 연장선상에 있다. 전작이 한 달에 2권씩 읽어나가면서 습관을 들이는데 집중했다면 이 책 또한 1만 페이지라는 목표 숫자를 정해놓고 도전해 보는, 전작 보다는 보다 강도가 세지만 재미있게 할 수 있는 도전 프로그램에 대한 제안이다.

1년이라는 시간을 두고 1만 페이지라는 책의 양을 읽어가는 것, 이를 통해 책과 함께 온전히 1년이라는 시간을 보내보는 것을 목표로 한다. 35여 권의 책을 읽으면 무엇보다 먼저 지식을 습득할 수 있다. 그동안 생각하지 못했던 부분에 대한 자극을 받기도 한다. 책을 통해 삶의 태도가 바뀌는 경험을 할 수도 있다.

1만 페이지라는 정해진 양을 읽어가는 과정 속에서 아래와 같은 자세를 염두해 둔다면 보다 효율적인 독서가 가능하리라 생각한다.

### 1. 다양한 세계를 만나라

한 가지 주제를 파고드는 것도 좋지만 다양한 주제를 만나보는 것 또한 좋은 방법이다. 인생을 살아가면서 시간을 정해 놓고 집중해서 책 읽을 기회는 그리 많지 않다. 어렵게 낸 기회인만큼 보다 효율적으로 사용할 필요가 있다. 그동안 읽어왔던 책 내용과 함께 그동안 접해보지 못했던 분야와 세계에 관한 경험들을 쌓아보기를 추천한다.

### 2. 책과 관련된 활동을 하라

책을 읽어가는 것과 함께 중간 중간 책과 관련된 이야기와 활동들에도 귀를 기울이다. 책과 관련된 기사, 인터뷰 등을 TV, 신문, 잡지, 인터넷 서점 기사 등을 통해 접한다. 책에 관한 정보도 알고 새로 읽을 책도 찾기 위해서 서점에도 들러본다. 책에 관한 재미도 늘어나고 보다 풍부한 독서가 될 수 있다. 책에는 나와 있지 않는 뒷이야기를 알게 되고 내가 미처 보지 못한 책의 장점과 단점, 아름다운 모습들을 발견할 수 있다.

### 3. 자신만의 독서 습관을 만든다

자신만의 습관과 장소와 느낌을 기억한다. 책이 잘 읽히는 곳, 책이 잘 읽히는 시간, 그리고 책이 잘 읽히게 만드는 풍경과 습관들을 잘 기억하면 도움이 된다. 독서가 몸에 습관처럼 배이기 전까지는 어느 정도는 의식적으로나마 해야 하는 훈련이기 때문에 이렇게 효율적인 장소와 시간을 찾는 것이 도움이 된다.

### 4. 읽는 순간만큼은 몰입한다

책을 한참 읽다 보면 자연스럽게 시간 가는 줄 모르고 읽었다는 것을 느끼는 때가 있다. 바로 몰입의 순간이다. TV보는데 한 시간은 금방가지만 한 시간 정도 책을 읽어보면 시간이 이렇게 오래 갈 수 있는지 느끼고는 신기할 뿐이다. 평소에는 경험해보지 못한 느낌으로, 기분 좋고 왠지 뭔가 좋은 일을 한 것 같은 뿌듯함을 느끼게 되는 순간이다. 시간의 질이 깊어진다고 할까. 똑같은 시간도 물이 아니라 스프처럼 보다 걸쭉하니 짙어진 느낌을 가질 수 있다. 독서를 자주 하게 되고 이런 몰입의 경험이 쌓이면 우리가 평상시에 부족한 집중력을 해결하는 데에도 도움이 된다.

### 5. 긴 호흡을 갖는다

1만 페이지 읽기를 하기 위해서는 짧게 한두 권의 책을 읽고 끝내는 것이 아니라 삼십여 권의 책을 읽어가는 긴 호흡과도 같은 일정을 소화해야 한다. 처음에는 호기심에 시작하겠지만 조금 지나면 잊어버리기도 한다. 어느 정도 읽다 보면 채우는 재미에 다시금 빠져들기도 하고 잠시 후 바쁜 일상 속에서 잊고 지낼 수도 있다. 이런 과정들을 다 거치면서 그래도 1년간 꾸준히 끊임없이 읽어 나가는 게 중요하다. 책과 함께 생활하는 훈련을 해 본다. 책과 나의 생활이 떨어져 있는 것이 아니라 같이 붙어있는 것, 그래서 책이 내 생활 곳곳에 자리 잡고 영향을 미치며 관계를 맺도록 돕는 것들이 모두 독서에 포함되어 있다.

### 6. 마음이 가는 대로 읽어라

기분에 따라서 읽고 싶은 마음과 읽고 싶은 책이 달라질 때가 있다. 머리는 복잡하고 읽을 마음이 나지 않는데 인문학 책이 눈에 들어올리 없다. 기분 좋은 느낌과 열정으로 충만한 때에 문학 책만 읽고 있기에는 왠지 모르게 시간을 낭비하는 기분이다. 이럴 때를 대비해서 주변에 책을 2~3권 가져다 놓고 그때그때마다 기분이 내키는 대로 읽어가는 것도 좋은 방법이다. 본격적으로 책을 파고들기까지의 준비 시간을 줄여주며, 내키지 않는 책을 읽으면서 오는 스트레스 또한 줄여준다.

MD와 책 읽기 —— 【 인터넷 서점에서 놀기 】

　심심할 때는 쇼핑몰 구경이 최고다. 굳이 사지 않아도 보는 것만으로도 시간 가는 줄 모른다. 일반 쇼핑몰만 볼 것이 아니라 인터넷 서점도 의외로 놀 것, 볼 것이 많다. 즐겨찾기 해놓고 시간 날 때마다 찾아가 놀면 재미도 있고 책을 고르는 안목도 기를 수 있다.

### ❶ 무료 서비스와 콘텐츠를 누려라

　인터넷 서점에서 책만 사는가? 무료 서비스를 마음껏 누려라. 물건만 팔고 마는 다른 쇼핑몰들에 비해서 인터넷 서점은 책과 관련된 콘텐츠가 비교적 풍부한 편이다. 그것도 대부분 무료다. '작가 인터뷰'는 관심 있었던 책의 내용을 작가의 시선으로 직접 들을 수 있는 기회다. 유명 저자나 칼럼니스트의 날카로운 독서 칼럼은 새로운 시각에서 책을 보는 방법을 알려준다. 글로만 만나는 게 부족하다면? 저자만의 생생한 이야기를 현장에서 듣고 싶다면 저자 강연회를 신청해 보자.

　대부분 쇼핑몰에서 보내주는 뉴스레터는 정보전달보다는 판매를 높이기 위한 목적에 가깝다. 대부분 오면 지워버리기 마련인데, '인터넷 서점 뉴스레터'라면 조금 다르다. 아직까지는 다른 쇼핑몰 뉴스레터에 비해서 정보성이 높다. 잘 팔리기만 한 책이 아니라 MD가

꼭 소개 시켜주고 싶은 책, 비슷한 눈높이의 독자들이 추천한 책도 소개받을 수 있다. 이곳저곳 다니지 않아도 편하게 앉아서 좋은 책을 한 번에 소개 받는 방법이다.

최근에 일부 서점들을 중심으로 '관심 작가 알림 서비스'를 실시하고 있다. 말콤 글래드웰, 장하준 처럼 유명 저자를 자신이 선정해 놓으면 그 작가의 신작이 나오면 SMS나 메일을 통해서 알려준다.

### ❷ 서재에서 이웃을 만나다

서재는 인터넷 서점 안에 존재하는 블로그다. 다른 블로그들과 달리 책 좋아하는 사람들이 모이는 공간이다. 특유의 편안함이 있는 다락방 같은 공간이다. 주제도 책으로 한정되어 있기 때문에 사람들 사이의 결속력이 강하다. 서재에서는 자신의 공간을 만들 수 있다. 자신이 좋아하는 책을 올리기도, 다른 사람들로부터 좋은 책을 추천받기도 한다.

서재 활동을 통해서 멋진 리뷰어들을 만날 수 있다. 리뷰어는 해당 분야 전문가보다 더 전문가 같은 분야에 대한 해박한 지식으로 우리를 좋은 책의 세계로 안내한다. 한두 건 쓰고 마는 사람들이 있는가 하면 한 달에 수십 편의 글을 올리는 전문 리뷰어들도 있다. 대부분이 회사원, 주부처럼 평범한 이력을 가지고 있지만 오랜 시간의 독서 경험과 노력으로 양질의 리뷰를 생산하는 사람들이다. 많은 인터넷 서점들이 매달 우수 리뷰를 뽑아서 적립금을 상금으로 주는데 자신의 독서가 어느 정도 수준에 올랐다면 도전해 보자. 책만 보고 끝나기 보다는 이처럼 다양한 활동을 자발적으로 하면서 책을 만나는 다양한 재미를 느낄 수 있다.

### ❸ 책을 소개받는다

온라인의 서점은 특정 주제나 분야의 책들을 사는데 훨씬 적합하다. 온라인의 경우는 보다 세밀한 독자 추천, 판매 추세에 대한 정보를 접할 수 있기 때문이다. 재테크에 관한 좋은 책을 찾는 방법을 생각해보자. 가장 편한 방법은 경제경영에 가서 재테크라는 카테고리를 클릭하고 그 카테고리를 베스트셀러 순으로 정렬해보는 방법이다. 판매량순과 평점을 비교해서 책을 위에서 살펴본다면 적절한 책을 살펴볼 수 있겠다.

최근 신간이라는 것이 별로 마음에 들지 않는다면 출간일까지 고려해서 보면 된다. 상위 판매이고 평점도 4개 이상이고 출간도 3개월 정도가 지났다면 출판사가 마케팅으로 만들만한 베스트셀러는 지났다고 볼 수 있겠다. 그렇게 검색하면 괜찮은 책이 눈에 띈다. 그 중의 한 권을 사보는 것이 일단 방법이다. 해당 책을 들어가면 온라인 서점의 경우에는 일반적으로 '이 책을 구입한 사람들은 이 책을 구입하셨습니다'와 같은 관련 정보를 제공해준다. 이를 통해 해당 책을 산 사람들이 마음에 들어했던 책을 소개받을 수 있다.

또한 '그룹핑'이라고 해서 이 책이 포함된 그룹들의 목록들을 볼 수 있다. 역시 관련해서 좋은 책을 추천 받을 수 있다.

### ❹ 이벤트에 참여하라

해당 책에 이벤트가 있다면 그 이벤트를 열어보고 해당 이벤트에 포함된 다른 책들을 살펴볼 수 있다. MD의 경우 이벤트 페이지에 누가 봐도 괜찮을 만한 무난한 책들을 배치하는 경우가 많기 때문에 이곳에서의 선택이 실패의 확률을 줄여준다고 할 수 있다.

출판사에서는 홍보 수단으로 체험단, 서평단 행사를 많이 진행한다. 그것도 출간된 지 오래된 책이 아닌 대부분 신간이다. 응모에 당첨되면 무료로 책을 받을 수 있다. 단 서평을 올려야 한다는 조건이 붙는다.

책의 경우 리뷰가 있는 경우와 없는 경우가 책 판매에 많은 영향을 미친다. 서점에서 제공하는 소개 글만을 보고 책을 구입하는 고객은 많지 않기 때문이다.

이런 이유로 출판사에서는 비교적 저렴한 비용으로 리뷰를 확보하기 위해 서평단을 모집한다. 독자는 무료로 책을 받을 수 있고, 출판사는 책을 홍보할 수 있으니 양쪽 모두에게 이득이다. 물론 책만 받고서 잠수를 타버리면 앞으로의 활동에 지장이 있을 수 있으니 충실한 후기 작성은 필수 조건이다

무료 이벤트가 서평만 있는 건 아니다. '이 책을 읽고 싶은 이유를 달아주세요', 'OO출판사의 베스트셀러 3권을 뽑아주세요', '올해의 책을 찾아주세요' 등과 같은 댓글, 응모 이벤트도 구매 여부와 상관없이 참여할 수 있는 이벤트들이다.

Part 3

# 1만 페이지 독서법 업그레이드 I:
## 효율적인 책 읽기

◆ ◆ ◆

독서량에 부담감을 가질 필요는 없다. 13장이면 충분하다. 오늘은 어제 읽은 페이지에서 13장만 더 앞으로 나아가면 된다. 그정도면 충분하다. 하루의 15분, 오늘 읽은 26페이지 분량은 보잘것없지만 일주일이 되고 한 달이 되고 일 년이 되어 뒤돌아보면 무시못할 양이 되고 그렇게 읽어온 시간은 온전히 나 자신의 내공이 된다.

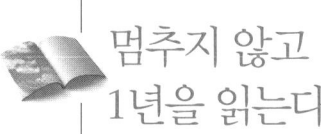

## 1장
# 멈추지 않고 1년을 읽는다

어느 날 세계적인 첼리스트 파블로 카잘스에게 젊은 신문기자가 물었다.

"카잘스 선생님, 당신은 이미 95살이고 세상에서 가장 위대한 첼리스트로 인정받고 있습니다. 그런데도 여전히 하루에 여섯 시간씩 연습하는 이유가 무엇입니까?"

카잘스가 답했다.

"왜냐하면, 내 자신의 연주 실력이 아직도 조금씩 향상되고 있다는 것을 느끼기 때문입니다."

파블로 카잘스는 96세의 나이로 죽는 날까지 평생 동안 매일 바흐의 〈무반주 첼로 조곡〉을 연습하며 자신의 실력이 어제보다 더 나아짐을 느꼈다.

독서를 일 년에 한두 번 정도 하는 연례행사로 생각하는 사람들이 많다. 하지만 독서는 우리가 매일 아침 얼굴을 씻고 밥을 먹고 회사에 출근 하듯 자연스럽게 이루어지는 일상이어야 한다. 손에 책을 들고 읽고 생각하는 것이 매일 이루어져야 한다. 일과 중 틈틈이 시간을 낸다. 가방 안에는 어제 읽었던, 그리고 오늘 마저 읽을 책이 들어 있다. 바쁜 일상을 보내면서 짬짬이 시간이 날 때면 시간을 허투로 쓰지 않기 위해 잠시 멈춰 서서 책을 읽는다. 이런 행동들이 습관이 되어야 한다.

매일매일 책을 읽으면 우리의 삶은 매일 성장한다. 성장이라는 말이 단순히 몸의 성장을 의미하는 것은 아니다. 어제보다 더 나은 내일을 살아가는 것, 지식을 더 쌓아가는 것 이 모든 것이 성장의 한 모습들이다. 밖으로부터 내면을 채우기 위한 적극적인 자세와 새로운 지식, 그리고 고민하는 시간이 잘 버무려지면 성장이라는 멋진 결실을 맺는다.

매일 15분이면 충분하다. 시간 내는 게 어려운 것도 아니다. 아침 출근길 지하철 안에서 15분, 점심 식사 후 차 마시는 시간 15분, 퇴근 하는 길, 혹은 집에 들어와 잠자기 전 15분 등 만들어낼 수 있는 시간은 어디에나 있다. 의지의 문제일 뿐이다.

독서량에 부담감 가질 필요 없다. 13장이면 충분하다. 오늘은 어제 읽은 페이지에서 13장만 더 앞으로 나아가면 된다. 그정도면 충분하다. 하루의 15분, 오늘 읽은 26페이지 분량은 보잘것없지만 일주일이 되고 한 달이 되고 일 년이 되어 뒤돌아보면 무시못할 양이 되고 그렇게 읽어온 시간은 온전히 나 자신의 내공이 된다.

처음에는 어렵기만 했던 독서도 시간이 지나고 날이 쌓일수록 더욱 매끄러워진다. 처음에는 딱딱한 돌을 씹는 듯 따로 놀았던 책이 이제는 윤활유를 친 것처럼 부드럽게 읽힌다. 학교 다닐 때 외국어 영역 독해를 할 때를 생각해 보자. 처음에는 아는 단어도 많이 없고 시간도 많이 걸리지만 꾸준히 하면 할수록 시간도 단축되고 더 많은 양을 쉽게 이해할 수 있게 된다. 같은 이치다. 독서를 하면 할수록 배경지식은 쌓이고 책을 읽어가는 독서능력도 개발된다. 조금 더 빠른 속도로 책을 읽으면서도 더 많이 더 깊게 책을 이해할 수 있다.

개그맨 이경규, 산전수전 다 겪으며 30년이 넘게 최고 개그맨의 자리를 유지하고 있는 그는 한 잡지와의 인터뷰에서 자신의 성공에 대해 이런 이야기를 했다.

"성공하려면 반복된 생활을 계속하면 된다. 사실 나이가 들면 의지할 사람이 없다. 후배한테 의지하겠나, 선배를 찾아가겠나. 믿을 건 내 자신뿐이다. 스스로를 컨트롤 할 수 있어야 하는데, 나는 반복적인 생활에서 그 답을 찾는다. 일주일을 기준으로 똑같은 패턴을 반복하며 산다. 운동을 규칙적으로 하면 근육이 생기는 것처럼 똑같은 패턴으로 생활하면 어느 순간 '내가 발전했구나' 라는 걸 느끼게 된다. 돈에 대한 욕심, 인기에 대한 욕심, 사람에 대한 욕심 다 버리고 생활의 달인처럼 살아가면 그게 성공인 거다."

운동을 한다는 생각으로 매일 꾸준히 책을 읽어나가자. 30대 젊을 때 몸 관리 하지 않으면 40대 나이 들어 고생한다는 말처럼 지금 조금이라도 젊은 시절에 매일 책을 읽는 습관을 기르자.

## 2장

전작주의자의
꿈

'전작주의자(全作主義者)'라는 말이 있다. 한자로 쓰니 대단히 어려운 표현인 것 같지만 쉽게 말하면 한 작가의 모든 작품을 다 읽어보는 독서법을 말한다. 이 말은 헌책수집가인 조희봉씨가 내놓은 《전작주의자의 꿈》을 통해 대중적으로 알려졌다. '전작주의'는 한 작가의 책이 마음에 들어 작가가 썼던 책들을 모조리 다 찾아 읽는 것을 뜻한다.

예를 들어 《나쁜 사마리아인들》이라는 책을 읽고 감동을 받았을 때 우리는 이 책을 쓴 장하준 교수의 다른 책들을 파고들고 싶은 강한 호기심을 느끼게 된다. 《사다리 걷어차기》, 《쾌도난마 한국경제》, 《그들이 말하지 않는 23가지》 등 저자가 쓴 거의 모든 책을 섭렵하는 것이다. 전작주의자가 된다는 건 내가 그 사람에게 '필'이 꽂혔다는 것을 의미한다. 주제가 마음에 들었을 수도 있고 책을 쓰는 스타일이 마음에 들었을 수도 있다. 이유는 다양하지만 결국은 저자가 나랑 잘 맞다는 뜻이기도 하다.

영화배우라면 풋풋했던 신인시절부터 농후한 연기력을 뽐내는 최신작까지 그 사람의 연기 변천사를 보는 재미가 있듯, 작가의 작품을 읽다 보면 연구의 깊이뿐만 아니라 학문의 깊어짐, 관심범위가 넓어지는 것 역시 자연스럽게 볼 수 있다. 한 작가가 쌓아온 결과물들을 모조리 자신의 것으로 만들 수 있다는 장점이 있다.

'전작주의'라는 말은 매력적인 표현이다. 내가 하나의 전문가가 될 수 있다는 뜻이 되며, 그 사람의 모든 것을 내가 온전히 배울 수 있다라는 의미도 된다. '그 사람으로부터 모든 것을 배워야지, 그 사람처럼 살아야지'라는 마음이 '전작주의자'의 꿈에 담겨 있다.

주요 저자들별로 한번 그의 책을 다 읽으려면 얼마의 시간이 걸리고 얼마의 페이지가 있는지 계산해 보았다. 자신이 좋아하는 저자가 있다면 1만 페이지 읽기를 할 때 이런 전작주의에 도전해 보는 건 어떨까.

| 저자 | 대표작 페이지 수 합 | 대표작들 |
|---|---|---|
| 박경철 | 2319 | 시골의사의 주식투자란 무엇인가 1 (495) + 시골의사의 주식투자란 무엇인가 2 (535) + 시골의사의 부자경제학 (406) + 시골의사의 아름다운 동행 1 (319) + 시골의사의 아름다운 동행 2 (316) + 착한 인생, 당신에게 배웁니다 (248) |
| 말콤 글래드웰 | 1424 | 아웃라이어 (352) + 그 개는 무엇을 보았나 (450) + 티핑 포인트 (270) + 블링크 (352) |
| 짐 콜린스 | 1167 | 좋은 기업을 넘어 위대한 기업으로 (432) + 위대한 기업은 다 어디로 갔을까 (264) + 성공하는 기업들의 8가지 습관 (471) |
| 장하준 | 2282 | 나쁜 사마리아인들 (383) + 사다리 걷어차기 (327) + 국가의 역할 (496) + 쾌도난마 한국경제 (240) + 다시 발전을 요구한다 (280) + 장하준, 한국경제 길을 말하다 (304) + 개혁의 덫 (252) |
| 세스 고딘 | 1259 | 보랏빛 소가 온다 (208) + 보랏빛 소가 온다 2 (288) + 이제는 작은 것이 큰 것이다 (400) + 더 딥 (103) + 마케터는 새빨간 거짓말쟁이 (260) |
| 로버트 그린 | 2335 | 50번째 법칙 (344) + 전쟁의 기술 (640) + 권력의 법칙 (680) + 유혹의 기술 (671) |

\* 괄호 안은 책의 페이지 수

 꼭 전작주의가 아니더라도 책을 읽어나가다 보면 괜찮은 책을 만나게 된다. 그때는 꼭 붙잡고 있어야 한다. 그런 책을 만나기는 생각보다 쉽지 않다. 저자의 다른 책은 없는지, 그 주제의 다른 책은 없는지, 그 출판사의 다른 책은 없는지 확장해볼 수 있는 실마리로 삼는다.

### 3장

## 베스트셀러를 읽어라

　　　　　　여행을 갈 때면 밥을 어디서 먹어야 하나 고민일 때가 있다. 경험상 여행사, 여행책, TV에서 추천하는 맛집은 거의 대부분 맛이 없다. 원래는 맛있었지만 사람들이 너나 할 것 없이 오기 때문에 초심을 잃고 맛이 떨어지는 건 아닐까. 가끔씩 그런 곳에서 먹다 보면 왜 이집이 지역 추천 맛집이 되었는지 의문이 들 때가 있다. 맛있는 집을 찾는 비결은 의외로 간단하다. 사람들이 많이 모이는 집에 가는 것이다. 손님이 없어 가게 앞이 한산한 집들 사이로, 길게 줄을 서서 먹는 곳이 있으면 거기로 간다. 신기하게도 사람들은 맛있는 집과 맛 없는 집을 귀신같이 알아본다.

　전문가 추천 맛집이 별로인 것처럼 책에 관한 전문가들이 추천하는 책도 재미가 없는 경우가 많다. 가끔씩은 왜 이 책을 일반 사람들에게 추천하는지 의문이 갈 때가 있다. 그냥 자신의 취향대로 고른 느낌이다. 일부러 사람들의 독서에 대한 흥미를 떨어트리기 위해서 어려운 책을 고르는 것은 아닌지 의심이 들 때가 있다. 너무 쉬운 책을 추천하면 사람들에게 없어 보인다고 생각하는게 아닐까? 조금 단순화 시킨 것도 있겠지만 전문가들이 말하는 좋은 책의 모습은 대부분 비슷하다. 제목부터 어려워 보이고, 양장본이며 책도 두껍다. 무엇인가 심오한 이야기를 하는 것 같지만 사실 사놓고 읽을 것 같지는 않은 그런 책들이다.

독서 전문가들은 베스트셀러를 과소평가하는 경향이 있는 것 같다. 대중적인 책이기 때문에 많은 사람들이 읽는 책은 내용 면에서 깊이가 떨어지는 쉬운 책이라거나 베스트셀러들은 출판사들의 마케팅 능력에 의해서 만들어진 책이라는 편견도 담겨있다. 하지만 내 생각은 다르다. 베스트셀러가 좋은 책이다. 오히려 베스트셀러를 읽기를 추천한다. 많은 사람들이 필요하다고 느끼고 읽는 책이 좋은 책이다. 꼭 인디영화는 좋은 영화고 할리우드 영화는 수준 낮은 영화라는 잣대는 옳지 않다.

베스트셀러는 많은 사람들이 읽은 만큼 이미 내용이 검증되었다고 할 수 있고, 또한 많은 사람들이 읽었기에 주제도 일반적이며 책의 내용도 어렵지 않다. 1만 페이지 독서를 하다 보면 질리지 않고 계속 읽어나가는 것이 무엇보다 중요하다. 이럴 때 전문가들이 추천한 어려운 책 보다는 쉽고 대중적으로 읽을 수 있는 베스트셀러가 진도를 나가는 데는 좋다. 물론 그 중에는 출판사의 마케팅에 의해 만들어진 책도 있겠지만 대부분은 사람들의 순수 구매에 의해서 만들어진다. 전문가의 선택보다 많은 사람들의 선택이 더 옳다고 생각한다.

　베스트셀러는 시대의 고민을 가장 잘 반영하기도 한다. 2010년 인문분야 최고의 화제작이었던 《정의란 무엇인가》(김영사) 같은 책은 기존의 베스트셀러에 대한 편견을 깨기에 충분하다. 독자들이 갈망하는 것, 책을 통해 위안 받거나 답을 찾고 싶어할 때 가장 잘 대답해주고 챙겨주는 책이 바로 베스트셀러이다. 베스트셀러라면 잘 읽지 않던 분야의 책들도 마음 놓고 즐겁에 읽을 수 있다.

　매년 연말이 되면 신문사, 서점들은 그 해 최고의 책을 뽑는다. 전문가들 혹은 서점 MD들이 후보를 고르고 수많은 고객들이 투표해서 선정된 목록들은 베스트 중의 베스트이기 때문에 꼭 읽어야 할 책이다. 그 주제의 책은 가능하면 주머니가 허락하는 한 사서 읽어보는 게 좋다.

4장

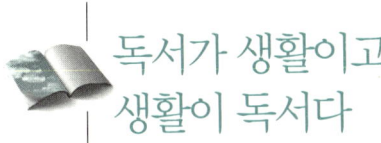
# 독서가 생활이고
# 생활이 독서다

질문 1. 스마트폰의 보급은 사회를 어떻게 변화시킬까? 스마트워크로 직장에서 벌어지는 변화는?

질문 2. 중국이 일본을 제치고 세계경제 2위에 오를 전망이다. 과연 중국은 미국마저 대체하여 세계 No.1으로 떠오를 것인가? 일본과 미국의 미래는 어떻게 될 것인가?

질문 3. 부동산 가격이 계속 하락중이다. 더 이상 부동산불패신화는 없다고 한다. 앞으로는 어떻게 될까?

질문 4. 안드로이드폰 점유율이 아이폰을 제쳤다. 인터넷 검색에서 모바일까지 막대한 영향력을 발휘하고 있는 구글, 구글로 인해 세상은 또 어떻게 변화할까?

독서가 생활이고 생활이 독서다. 독서란 이력서 취미 · 특기란에 적기 위해 있는 게 아니다. 정보를 얻고 발전시키는 하나의 방법이다. 스마트폰이 인기 있는 이유는 그것을 손에 쥠으로써 내가 정보를 얻는 범위가 넓어지기 때문이다. 주변에 인기 있는 식당을 찾을 수 있고 현재 위치에서 가장 값싼 주유소를 찾을 수도 있다. 스마트폰을 가진 사람은 그렇지 않은 사람에 비해서 정보를 쉽게 접하게 되고 이는 개인의 경쟁력이 된다. 인터넷이 처음 보급되었을 때의 모습과 같다.

책도 마찬가지다. 우리가 쉽게 잊고 있는 것 중의 하나가 인터넷, 스마트폰과 다를 바 없이 책이야말로 정보를 얻는 도구라는 점이다. 평소에 궁금한 것들을 독서를 통해 알고 독서를 통해 알게 된 지식이 세상을 보는 깊이를 더하고 이해를 돕는다. 인터넷보다 깊이 있는 정보, 검증된 정보를 책을 통해 얻을 수 있다. 인터넷에서 뉴스를 검색하듯 책을 펼쳐들고 정보를 얻고 확장하고 발전할 수 있어야 한다. 그 사람은 분명 앞서 나갈 수 있다.

독서와 생활은 이어져 있어야 한다. 생활에서 보는 변화와 현상들에 대해서 관심을 기울여 보자. 조금만 관심을 가지고 기울이면 세상 어느 것에도 내가 더 알아보고 더 궁금할 만한 사실들이 정말 많이 있다. 그리고 대부분의 궁금증에 대한 답은 책을 통해서 얻을 수 있다. 최신 인기 키워드 중 하나인 '트위터'를 살펴보자. 인터넷 서점에 '트위터'라고 치면 다음과 같은 책들이 검색된다. 제목들을 살펴보자. 《트위터 무작정 따라하기》, 《트위터와 미투데이》, 《트위터 혁명》, 《트위터 140자의 매직》,

최근 키워드마저도 이렇게 책을 통해서 빠르게 정보를 얻을 수 있는 세상에 우리는 살고 있다. 독서는 생생해야 한다. 현실이 독서의 주제가 되면 보다 가깝고 재미있게 읽을 수 있다.

신문이나 TV, 혹은 동료들과 밥을 먹으면서 나누었던 잡담과 수다 속에서도 책을 찾는 실마리가 있다. 누구나 갖고 싶어 하는 아이폰과 아이패드. 애플의 CEO 스티브 잡스는 그가 만든 제품도 제품이거니와 사람들 사이에서 또 하나 유명한 것이 바로 그가 진행하는 프레젠테이션이다. 보통 프레젠테이션이라고 하면 지루하고 졸리기만 한데 이 사람의 프레젠테이션은 관객을 몰입시키는 훌륭한 프레젠테이션의 모범을 보여준다. 그의 프레젠테이션을 보고 관련된 정보를 찾아봤더니 역시나 《스티브 잡스의 프레젠테이션》이라는 책이 나와 있었다. 이 책을 읽고 저자의 다른 책들도 찾아 읽었던 기억이 난다.

앞서 했던 질문들에 대한 답을 책을 통해서 찾아보자.

1. 《모바일 혁명이 만드는 비즈니스 미래지도》, 《트위터 무작정 따라하기》, 《앱 마케팅》, 《소셜미디어마케팅》 등 스마트폰으로 인한 변화를 다룬 책은 수없이 많다.

2. 《존 나이스비트 메가트렌드 차이나》, 《금융대국 중국의 탄생》은 새로운 세계를 이끌어 갈 중국의 힘을 보여준다.

3. 부동산 가격 하락에 대해선 찬반으로 나뉜다. 《위험한 경제학》, 《부동산 대폭락 시대가 온다》는 찬성 쪽에 《2010 부동산 대폭등을 잡아라》, 《부동산 대폭락 시대는 없다》는 반대쪽에 서 있다.

4. 구글은 단순한 인터넷 기업이 아니다. 《구글드》, 《구글노믹스》는 세상을 바라보는 패러다임을 바꾸는 구글을 보여준다.

## 5장
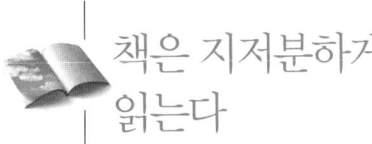
책은 지저분하게
읽는다

책에 관한 흥미로운 에세이집 《서재 결혼시키기》라는 책을 보면 저자는 책을 사랑하는 방식을 두 분류의 사람으로 나누어 설명한다. 하나는 궁정식 사랑의 신봉자다. 책이 더럽혀 지는 것을 참지 못하는, 책 자체를 순결한 상태로 보관하는 사람을 말한다. 다른 하나는 육체적 사랑의 신봉자다. 책의 겉모습은 상관없이 내용에만 집중하는 사람이다. 접기도 하고 더럽혀지는 것도 개의치 않으며 자신만의 메모도 책에 남긴다.

대부분의 독자들은 궁정식 사랑의 신봉자에 속할 것이다. 더러워지는 것도 책이 접히는 것도 싫어하는 사람이 많다. 더욱이 메모하고 줄긋는 것처럼 책에 손상을 가하는 것은 더 말할 필요도 없겠다. 하지만 생각을 조금만 달리하면 책을 꼭 깨끗하게 읽을 필요는 없다.

책에서 중요한 건 겉모습이 아니라 책의 내용이다. 책의 여백에 밑줄을 긋고 메모하다 보면 책을 보다 잘 읽을 수 있다. 메모한 기록은 나중에 책을 읽은 시점의 내용을 떠올릴 때 도움이 된다. 지저분한 것이 걱정이 되는가? 책을 사서 읽고 소장하는 것은 온전히 내 개인적인 영역이다. 누구에게 물려줄 것도 누군가에게 보여주기 위해서도 아니다. 그러니 신경 쓸 필요가 없다. 책은 모셔두기 위해서 사는 게 아니다. 읽고 도움이 되고 변화하기 위해서, 배우기 위해서 산다. 자신에게 도움이 된다면야 책의 겉모습이 뭐 그리 중요하겠는가.

본격적으로 메모를 하면서 읽는다고 할 때 유용한 도구들이 많은데 그중에서 내가 추천하는 것은 투명 포스트잇과 볼펜이다. 이것저것 다양한 방법들을 써봤지만 경험적으로 가장 좋은 방법이다. 여기에 메모할 수 있는 여분의 종이가 있으면 더욱 좋다. 이 도구들을 사용해서 밑줄을 긋고 중요한 부분을 메모한다.

책을 읽다 멋진 문장을 발견하면 펜으로 밑줄을 긋는다. 멋진 표현일수도 있고 중요한 핵심 내용일수도 있다. 지금 관심 있는 주제에 대한 답일 수도 있다. 예를 들면 이런 거다.

: 현대 경영학이 발견한 가장 중요한 통찰은 어떤 일이 제대로 됐느냐를 결정짓는 테스트는 오직 하나라는 사실이다. 바로 고객들이 그것을 돈을 내고 살 것이냐 말 것이냐 하는 점이다. 고객들은 상품을 디자인하는 데 회사가 얼마나 열심히 노력하고

창의성을 발휘했는지에 대해서는 전혀 관심이 없다.

－《경영이란 무엇인가》 42p

: 월급은 그렇게 해서 나오는 것이 아니다. 그러니까 시키는대로만 하면 샐러리맨이 되지만, 자기주장을 분명히 하면 비즈니스맨이 된다. 샐러리맨은 쌀과 라면을 살 수 있을 정도로만 돈을 준다고 '쌀라리맨'이라는데, 쌀라리맨은 조금 비애스럽다. 비즈니스맨이어야 한다. 비즈니스맨다운 생각으로 비즈니스를 하고, 그래서 사회나 회사에도 기여를 해야 자기도 큰다.

－《모티베이터》 107p

이런 멋진 문장들을 만날 때면 그냥 넘어가지 말고 볼펜을 들고 밑줄을 긋는다. 예쁘게 그을 필요는 없다. 누구에게 보여주기 위해서 긋는 건 아니다. 멋진 문장을 또 만나면 밑줄을 긋는다. 이렇게 책을 읽어 가면서 신나게 밑줄을 친다. 좋은 책이라면 아마 펜으로 그은 부분들이 지저분해질 만큼 많을 것이다.

펜으로 그은 부분 중 중요한 부분 중에서 더 중요한 부분, 핵심을 설명하는 문장들은 투명 포스트잇(플래그)을 붙인다. 밑줄 그은 부분 중 꼭 찾아볼만한 핵심적인 내용 부분에 붙이면 된다. 물론 지저분한 것을 싫어한다면 안 해도 된다. 이건 하나의 팁일 뿐이다.

　이런 작업들이 나중에 빛을 발하는 때가 있다. 바로 책을 다시 살펴봐야 할 때다. 나중에 시간이 흐르면 분명 책을 읽었지만 대략적인 느낌만이 떠오를 뿐 좋은 문장들은 명확히 기억이 나지 않을 때가 많다. 이때 밑줄 그은 부분만 읽어나가면 된다. 전체를 다 읽지 않았는데도 신기하게 책의 내용이 고스란히 떠오른다. 밑줄 그은 문장 외에 뒷받침 해주는 사례, 이야기, 논리들은 다시 살펴볼 필요는 없다. 왜냐하면 그 부분에 이미 공감이 갔기 때문에 결론에 밑줄이 그었기 때문이다. 결론 부분에 해당하는 밑줄부분만 읽어도 '아, 맞다 이 내용이었구나' 하는 것을 쉽게 떠올릴 수 있다. 투명 포스트잇은 그렇게 살펴보기에도 시간이 부족할 때 활용한다.

## 6장
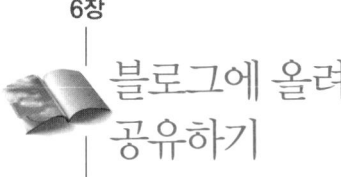
# 블로그에 올려 공유하기

문성실, 두 아이의 평범한 엄마인 그녀는 주부의 장점을 살려 인터넷에 글을 쓰기 시작했다. 쉽고도 맛있는 요리법은 곧 사람들 사이에 인기를 끌었고 관련해서 책도 출간했다. 《문성실의 냉장고 요리》,《문성실의 아침 점심 저녁》등은 요리 분야 베스트셀러가 되었다. 인터넷으로 유명해진 것으로는 '나물이'가 원조라고 할 수 있다. 주변에서 쉽게 구할 수 있는 재료, 복잡하지 않은 요리법, 계량컵 대신 숟가락만 있으면 누구나 만들 수 있는 손쉬운 요리법으로 큰 인기를 끌었다. 그 역시 책을 출간했고 요리책으로는 드물게 수십만 부가 판매되며 종합 베스트셀러에 오르기도 했다. 누구나 쓰는 블로그도 이렇게 어떻게 쓰느냐에 따라 자신만의 노하우를 활용해 돈도 벌고 유명해질 수도 있다.

평범한 블로그도 꾸준히 쓰느냐에 따라서 자신만의 자산이 될 수 있다. 요즘 학생들 사이에 '스펙' 쌓기가 유행이다. 독서 블로그도 좋은 스펙 재료다. 책을 읽고 그치기보다는 블로그를 개설해 자신만의 리뷰를 적는 공간으로 활용한다. 단순히 리뷰를 적는 것에서 그치지 않고 이를 통해 관심 있는 사람들과 책의 내용을 공유하는 기회로 삼는다. 독서 블로그는 읽고 쓰고 공유해야 하기 때문에 단시간에 만들 수 없다. 시간이 많이 걸린다는 말은 다른 사람이 쉽게 따라오기 힘들다는 뜻도 된다.

직장인이라면 다른 사람에게 이메일 주소만 알려주기보다는 독서 블로그를 함께 보여준다. 업무상으로는 전할 수 없는 자신의 개인적인 부분과 관심 분야, 지식의 깊이를 자연스럽게 다른 사람에게 어필할 수 있는 방법이 된다.

트위터를 밑줄 긋기용으로 사용할 수도 있다. 좋은 말이 생기면 바로바로 트위터에 올린다. 어디서 발견한 문구인지 사람들이 관심을 보일 것이고 그들과 이야기 하면서 책 정보를 공유한다. 관계를 맺고 평소라면 접해보지 못했을 좋은 책과 문구를 소개 받는 기회도 얻는다.

블로그에 글을 올리는 것은 분명 시간도 많이 걸리고 귀찮은 일이다. 하지만 남을 위해서 한다고 생각하지 말고 나를 위해서 한다고 생각하자. 블로그 운영은 나에게 도움이 되는 일이다. 글로 표현하다 보면 생각을 정리하는 과정이 되고 글 쓰는 훈련이 된다.

좋은 책을 나누다 보면 공유하는 기쁨도 알게 된다. 내가 봐도 괜찮고 남이 봐도 괜찮은 내용이라고 생각한다면 적극 나누자. 특히나 나에게 소중한 주변 사람들이라면 읽고서 변화되기를 바라는 마음으로 책을 권해보자. 책을 소개 받은 사람 입장에서는 내가 좋아하는 사람으로부터 추천 받은 책은 의미가 남다르다.

1만 페이지 독서를 통해 일정 수준의 독서를 하면 누구나 독서 전문가가 될 수 있다. 책을 추천해주기도 가능하다. 단지 책을 읽는 즐거움을 알기 위해 시작한 일이지만 어느새 책에 관해 전문가가 될 수 있다는 것도 기분 좋은 일이다

# 7장
# 1만 페이지 독서 기록하기

옆 페이지의 표는 한 권의 독서가 끝날 때마다 페이지를 기록할 때 사용한 기록장 양식이다. 숫자만 메모해도 되지만 이왕이면 직관적으로 어느 정도 목표 달성하고 있는지 한 눈에 살펴볼 필요가 있다. 기록장 양식은 복잡하지 않다. 엑셀 파일로 간단히 만들어 사용할 수 있다. 옆의 기록장은 실제로 필자가 2010년 초에 실행했던 1만 페이지 독서 목록이다.

기록장은 총 100칸으로 구성되어 있으며 한 칸은 100페이지를 의미한다. 첫 번째 줄 10칸을 다 채우면 1,000 페이지, 다음 줄 10칸까지 다 채우면 2,000페이지를 다 읽은 것을 의미한다.

예를 들어 《행복의 지도》 480페이지를 다 읽었다면 첫 번째 줄 5번째 칸까지 채운다. 다음으로 《로마 멸망 이후의 지중해 세계(상)》 390페이지, 《로마 멸망 이후의 지중해 세계(하)》 453페이

● 1만 페이지 읽기 ●

| 시작일 | 종료일 | 100 | 200 | 300 | 400 | 500 | 600 | 700 | 800 | 900 | 1000 |
|---|---|---|---|---|---|---|---|---|---|---|---|
| 10.2.10 | 10.8.30 | | | | | | | | | | |
| 1000 페이지 | | | | | 행복의 지도 480 | | | | | | |
| 2000 페이지 | | | 로마 멸망 이후의 지중해 세계(하) 453 | | | 이웃라이어 230/352 | 공부하는 독종이 살아남는다 250 | 로마 멸망 이후의 지중해 세계(상) 390 | | 청춘의 독서 320 | |
| 3000 페이지 | | | | 스위스 디자인 여행 383 | | | | 세속의 철학자들 490 | | | |
| 4000 페이지 | | | | 크로노스 340 | | 죽은 CEO의 살아있는 아이디어 500 | | | | | |
| 5000 페이지 | | | | | | 한권으로 읽는 조선왕조실록 545 | 생각의 탄생 455 | | | 멀리 가려면 함께 가라 285 | |
| 6000 페이지 | | | | 무조건 성공하는 작은 식당 311 | | | 조재도 대박나는 전문 식당 264 | | | 조엘 온 소프트웨어를 넘어서 403 | |
| 7000 페이지 | | | | 2010 트렌드 웨이브 430 | | | 편집자는 이래라, 책만들기 딸인 되다 220 | | | 날아가는 비둘기 동구멍을 그리라굽쇼? 296 | |
| 8000 페이지 | | | 죽을 때 후회하는 스물다섯 가지 235 | | 덕혜옹주 360 | | | | 젊은 베르테르의 기쁨 385 | | |
| 9000 페이지 | | | 세상을 움직이는 100가지 법칙 270 | | 홍정동 292 | | | | 나는 아내와의 결혼을 후회한다 300 | | |
| 10000 페이지 | | 생각의 지도 246 | 기업가처럼 주식투자하라 255 | | | 일본 재발견 320 | | | | 스위치 390 | |

* 1만 페이지 독서 기록장

지를 다 읽었다면 이어서 추가로 기록하면 된다. 《아웃라이어》는 전체 352페이지 중 230페이지까지 읽었으므로 읽은 페이지 수 옆에 전체 페이지 수를 함께 기록해주었다.

두 번째 500페이지 칸까지 다 채워졌다면 현재 대략 1,500 페이지 읽었다는 것을 보고 알 수 있다.

이렇게 해서 마지막 칸 까지 채우면 총 10,000페이지 읽기를 끝낼 수 있다.

1만 페이지 독서 기록장은 자신의 취향에 맞게 각자 만들어 보면 좋다. 하루의 목표량을 세밀하게 체크할 수도 있고, 주 단위나 달 별로 체크할 수도 있다. 조금 읽다 말거나 중간에 포기했던 책들은 따로 표를 만들어 놓을 수도 있고, 100% 다 읽은 책들만 따로 1만 페이지 독서 목록에 기록해도 좋다.

자신이 목표의 어디쯤 와 있는지 중간 점검을 하며 지속적으로 책을 읽어나가는 게 중요하다.

## 8장
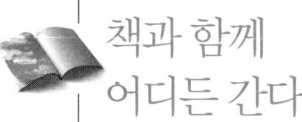
책과 함께
어디든 간다

독서는 어디서나 가능하다. 집안 곳곳에 책을 늘어놓아라. 어디서나 읽을 수 있도록 책을 비치해놓는다. 침대 위, 책상 위, 쇼파 위, 그리고 화장실까지. 어디서나 책을 읽을 수 있다. 눈에 보이면 잊지 않고 책을 읽기 마련이다. 집안 곳곳에 책을 늘어놓고 책과 함께 살아간다.

침대 위, 잠자기 전 샤워를 마치고 모든 것이 홀가분해진 시간 책을 읽는다. 소파에 누워 책을 본다. 푹신한 베개와 함께 누우면 자리도 편하고 그저 책 읽기에 몰두할 수 있는 멋진 공간이다. 테라스에 작은 의자를 놓고 앉아서 책을 읽는다. 밖에 풍경도 감상하고 햇살이 비치면 햇살을 그대로 맞는다. 따스하고 온기가 느껴진다. 책을 한 권 읽고 혼자만의 공간을 찾아보자. 책 읽기 좋은 곳은 어디에나 있다.

집이 아니어도 좋다. 아무도 모르는 곳, 책 한 권, 노트 하나 들고 커피전문점에 간다. 오래 있어도 뭐라 할 사람 없어 좋다. 책을 읽다가 지치면 사람들 구경을 한다. 가지고 온 책이 다 떨어지면 비치되어 있는 잡지를 본다. 버스 그리고 지하철을 타면, 귀를 거슬리지 않는 반복되는 소리와 목적지를 향해 갈 때까지 아무것도 할 수 없다는 데서 오는 안도감이 있다. 도서관도 찾아가보자. 도시 한 가운데서 이렇게 조용한 공간이 있을 수 있을까. 책을 읽지 않아도 그저 와서 잠시 쉬고 가기에도 좋은 공간이다.

독서는 언제나 가능하다. 아침에 일어나서 책을 읽으면 하루가 개운하게 시작되는 느낌을 얻을 수 있다. 5분이라는 시간 동안 한 페이지 분량이라도 읽으면 억지로 일어나 회사로 출근하는 마음까지 덜어버릴 수 있다. 점심시간, 소화도 시킬 겸 앉아 인터넷 서핑하는 시간 대신 책을 읽어본다. 10분, 길어야 15분 정도인 점심시간이 의미 있게 느껴질 것이다.

## 》 책과 함께 걷기

걷는 즐거움을 느껴 본 적이 언제인가. 늘 정해진 목적지를 향해 이동만 할 뿐 걷는 것 자체만을 즐긴 적이 별로 없는 듯하다. 한번 주변의 풍경을 보고 생각을 정리하고 책과 함께 걷기를 해보자. 평소라면 떠오르지 않았을 창의적인 생각과 아이디어가 솟아나며 기분 좋은 경험을 하게 된다. 걷고 있을 때 뇌는 자유로워지며 자유로움 속에서 창의적인 아이디어가 샘솟는다. 공원도 좋고 동네 한바퀴도 좋다. 강가 둔치도 좋고 동네 길가도 좋다. 좋은 풍경을 만나면 호기심 많은 눈으로 보고 지루해지면 앉아서 책을 읽는다. 책을 읽다 지루해지면 다시 걷는다. 보다 자유롭게 책 속을 산책하는 자신을 발견할 수 있을 것이다.

15년 경력의 베테랑 기획 전문가 하우석씨는 《걷는 인간 죽어도 안 걷는 인간》에서 걷는 즐거움에 대해서 예찬한다. 수많은 기획을 성공으로 이끈 그가 밝히는 기획력의 비밀은 걷기였다고 말한다.

: 걷기가 주는 행복감 중 절대로 빼놓을 수 없는 것이 어느 순간 경험하는 '또 다른 나'와의 대화이다. 즉, 걷다 보면 어느 샌가 감추어진 내면의 목소리가 들리기 시작하고, 나는 그 내면의 목소리와 때로는 차분하게, 때론 흥겹게 대화를 나눈다. 그런 대화를 통해서 나는 나를 한번 돌아보게 되고, 내 주변을 다시 한번 살피게 되며, 나의 앞날에 대해서도 신중하게 생각하게 된다. -《걷는 인간 죽어도 안 걷는 인간》 167~168p

서점을 걷는 것 역시 책 보는 재미와 함께 보람도 있는 창의적인 활동이다. 아무 목적 없이 걸어도 좋다. 평소에는 잘 읽지 않는 분야로 간다. 예술이나 여행, 인문도 좋겠다. 지금 나와 있는 책들은 무엇인지 어떤 책들이 주목받고 있는지 편안한 마음으로 둘러본다. 분명 자신의 시선을 끄는 책들이 있을 것이다. 한 권을 들어 읽어보고 마음에 들지 않으면 내려놓는다. 마음에 들면 가까운 자리에 앉아 책을 읽는다. 읽다가 괜찮으면 사들고 와 집에서 읽어본다.

요즘 나온 책들을 보면 그 기획력에 혀를 내두른다. 이런 생각과 아이디어를 가지고 책으로 만드는 사람들이 있구나 놀라게 된다. 보면 시간 가는 줄 모른다. 서점이다 보니 어디든 조용하다. 여기서만큼은 아무도 떠들지 않고 시끄럽게 하지 않는다. 홀로 걸으며 생각하고 읽고 만난다. 예전에는 책방에 가면 몰래 읽느라고 눈치도 보고 그랬는데 요즘은 다르다. 앉아서 책을 보는 공간도 마련되어 있고, 목마르지 말라고 식수대까지 설치해 놓은 곳도 있다. 아이들이 뛰어놀 수 있도록 예쁜 공간을 꾸며놓은 서점들도 있다. 데이트를 하거나 약속이 있어서 시간이 남을 경우에도 카페로 가지 말고 서점에서 기다리자. 커피 값도 아낄 수 있으니 좋고, 평소라면 보지 않을 책을 공짜로 읽을 수 있으니 일석이조다.

## 9장
#  독서 근육을 키워보자

독서는 머리를 쓰는 운동이다. 글자를 단순히 눈으로 읽어 내려가는 것이 아니라 정보를 받아들이고 가공해서 내 것으로 만드는 적극적 활동이다. 운동을 하면 근육이 생기듯 독서를 하다 보면 머릿속에도 '독서 근육'이라는 가상의 근육이 생긴다. 운동량이 부족할 때는 조금만 무거워도 드는 것이 힘들지만 운동을 꾸준히 할수록 들어 올릴 수 있는 무게가 점점 늘어난다. 독서도 처음에는 읽는 속도가 느리고 책의 내용을 이해하는 것도 더디지만 자꾸 하면 할수록 독서 근육이 점점 불어나 어려운 책도 쉽게 읽어갈 수 있게 된다.

자신의 수준을 살짝 넘는 책을 읽는 것도 독서근육을 키우는 방법이다. 내 실력으로 50kg밖에 들어 올릴 수 없을 때 한계를 약간 넘긴 60kg를 들어 올리면 조금은 힘들지만 참고 견디면

60kg를 들어 올리는 실력으로 한 단계 업그레이드되는 것과 같은 이치다. 평소 자신이 어렵다고 생각했던 장편소설도 좋고 인문사회과학 서적도 좋고 경영에 관한 전문서적도 좋다. 도전의식을 가지고 자기 수준의 120%, 130%처럼 보다 높은 수준의 책을 끝까지 읽어 보자. 책을 읽어가는 수준이 한 단계 업그레이드될 것이다. 그렇다고 자신의 실력을 훨씬 넘어서는 책에 도전하면 역효과다. 자신은 50kg밖에 들 수 없는데 100kg를 들려고 하면 몸만 다치거니와 운동하는 재미를 떨어트리는 것처럼 책 읽기도 무리하면 좋지 않다.

　책을 읽을 때 레고 블록을 쌓듯이 훈련 하며 읽는 것도 독서근육을 키우는데 도움이 된다. 지금 읽고 있는 내용과 입력된 정보를 그룹 지어 자신의 머리 창고 속에 주제 별로 물건을 정리하듯 차근차근 정리하는 방법이다. 기존에 자신이 지닌 배경지식을 꺼내어 지금 읽고 있는 내용과 비교한다. 보충하거나 삭제, 수정하면서 지식을 재조정한다. 보충은 새로운 블록을 추가하는 것, 삭제는 버리고, 수정은 옮기는 것이다. 주제별로 그룹을 지어 하나를 떠올릴 때 관련된 내용들이 나올 수 있도록 연결하여 정리한다. 물론 컴퓨터처럼 모든 정보를 기억할 수는 없다. 하지만 기존에 알고 있는 지식과 지금 새로 얻은 지식을 비교하면서 구분 짓고 재조정도 하다 보면 머릿속에서 지식을 다루는 능력, 즉 독서근육이 길러진다.

## 10장
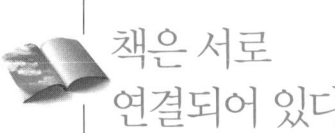
책은 서로
연결되어 있다

《과학콘서트》로 유명한 정재승 교수는 자신의 독서법을 이야기하면서 책 사이의 '관계'에 대해서 이야기한다. 책과 책 사이에는 연결 고리가 있으며, 이 연결고리를 찾아가는 것 또한 재미있는 독서법이라고 말한다.

: "저는 책들과 책들 사이의 관계에 굉장히 관심이 많아요. 책의 지도를 머릿속에 그린다고 할까요? 이 책은 이 책으로서의 의미라기 보다는, 그 전에 나온 책을 극복하고자 혹은 지지하고자, 그것이 진실이 아님을 밝히고자 나오기도 하는 등 책들 사이의 연관관계들이 있거든요. 때로는 한 작가가 쓴 책들이 연결되기도 하고, 한 주제의 책들이 또 다시 연결되기도 하고…그런 책들의 관계들을 따라가면서 계속 책을 읽는 것, 그

것이 제가 평소에 하는 독서법입니다. 굉장히 즐겁고 그렇게 책을 읽는 동안 내가 이 책을 읽으면 다음 책을 뭘 읽어야 되는지, 읽어야 될 책 리스트들이 더 늘어나고 그리고 그 중에 어떤 걸 읽어야 될지 고민하고 하는 시간이 굉장히 행복하죠."

— 네이버 〈지식인의 서재〉

그의 말대로 지금까지 혼자 존재하는 줄만 알았던 책들도 알고 보면 수많은 연결 점으로 서로 이어져 있다. 한 저자의 책들이 알고 보면 미니시리즈처럼 이어져 있거나, 나중에 나온 책이 기존에 나온 책의 연구 결과 위에서 확장된 이야기를 하는 경우, 또는 한 책에 반대하기 위해서 나온 책 등 인간관계만큼이나 많은 다양한 관점의 책들이 서로 출간되고 연결되어 있다. 책을 쓰는 저자(writer)는 우리처럼 독자(reader)이기도 하다. 한 권의 책을 쓰기 위해 그 또한 수많은 책을 읽을 것이고 기존의 책들에서 많은 영향을 받는다.

비즈니스경제 분야 대표 저자인 짐 콜린스. 그가 쓴 책 중 3권은 나온 시기도 다르고 제목도 다르지만 사실 '위대한 기업'이라는 한 가지 주제에 대해 다루고 있는 서로 '연결'된 책들이다. 3권 중 출간 순서로는 2번째인 《좋은 기업을 넘어 위대한 기업으로》가 1부다. 하나의 평범한 기업이 위대한 기업으로 발전하는 과정을 이야기한다. 《성공한 사람들의 8가지 습관》은 2부로 그 위대한 기업이 유지, 성장해 가는 과정을 보여주며 마지막으로 3부 《위대한 기업은 다 어디로 갔을까?》는 위대한 기업 중 어떤 기업은 몰락하고 어떤 기업은 살아남는지를 이야기한다. 그의 책은 이렇게 서로 연결되어 있으며, 이런 관계를 알고 책을 본다면 더 재미있게 읽을 수 있다.

서로 반대되는 주장을 내세우는 책들도 있다. 토머스 프리드먼의 대표작 《세계는 평평하다》는 IT 기술의 발전, 지식과 물질의 교류를 통해 서로 하나의 국가처럼 연결된 세상을 묘사한다. 출간되자마자 주요 신문들의 찬사를 받으며 베스트셀러에 오른 이 책이 출간된지 몇 년 후 《세계는 평평하지 않다》라는 제목의 책이 나왔다. 토머스 프리드먼 주장은 틀렸으며, 책은 그가 보지 못한 불완전한 세계의 모습을 이야기한다. 《부동산 대폭락 시대가 온다》라는 책이 있는가 하면 《부동산 대폭락 시대는 없다》라는 책도 있다. 이렇게 서로 반대되는 주장을 하는 양쪽의 책이 있을 때 우리는 백분토론을 진행하는 사회자처럼 양쪽의 의견을 고루 읽고 비교함으로써 보다 온전한 지식에 가까이 다가갈 수 있다.

같은 저자, 같은 주제의 책이 아니더라도 한 권의 책이 다른 책을 소개해주는 연결고리가 되기도 한다. 예를 들어 《구글드》라는 책을 보면 구글의 창립자 세르게이 미하일로비치 브린의 어린 시절을 소개하는 부분에서 한 인물을 소개하는 장면이 나온다.

: 세르게이는 음악감상이나 TV 시청 따위에는 전혀 흥미가 없었고 책도 열심히 읽지 않았다. 하지만 리처드 파인만의 삶에는 이내 매료되었다. 파인만은 노벨물리학상을 받은 과학자로, 세르게이의 말에 따르면 '자기 분야에서 큰 공로를 세웠을 뿐 아니라 레오나르도처럼 과학자에 그치지 않고 예술가가 되려던 사람'이었다. -《구글드》 57p

'구글의 창립자인 천재 세르게이가 흠뻑 빠질만한 파인만은 누구였을까?'라는 궁금증이 생긴다. 인터넷에 '리처드 파인만'을 검색해보니 《파인만씨, 농담도 잘하시네》, 《발견하는 즐거움》 여러 권의 책이 검색된다. 전에는 몰랐던 새로운 과학자와의 만남이 책에서 소개하는 내용을 통해 자연스럽게 이어진다.

지금까지의 독서 스타일이 한 권의 책만을 읽어가는 과정이었다면 이제는 여기에 덧붙여 책 사이의 관계에 대해서도 생각해 보면서 읽어보자. 명확하게 드러나 있지는 않지만 미세하게 서로 얽혀있는 연결고리를 찾아가다 보면 한 권으로만 읽었을 때는 모르던 책 읽는 재미를 알게 되고 우리의 독서 또한 조금 더 풍부해질 것이다.

## 11장

독서는 대화다

     독서는 문자 그대로 책을 읽는다는 뜻이다. 읽는다는 건 어려운 일이 아니다. 우리가 온 종일 하고 있는 일이기 때문이다. 말 그대로 글자를 눈으로 읽어 내려가면 된다. 하지만 이것만으로는 뭔가 부족하다. 제품 뒷면에 표시된 성분을 읽거나 신문 전단지를 읽는 것과 '독서'가 다른 건 무엇일까?

    나는 '대화'에서 그 답을 찾고 싶다. 이 '대화'라는 단어를 잘 이해하는 것이 독서생활을 바꾸는 키워드가 될 것이다. 항상 책을 읽기 전에 독서란 대화라는 것을 염두에 두고 머릿속에 기억하는 습관을 들이자. 생산적인 책 읽기와 그냥 읽기의 차이는 바로 '대화'에 있다.

    독서는 대화다. 이 책을 '독서'하고 있는 여러분도 지금 나와 대화를 나누고 있다. 나는 경험을 살려 책 읽기라는 주제에 관해서 이야기한다. 어떤 책을 읽으면 좋은지, 효율적인 독서 방법은 무엇인지 이야기한다. 내가 이야기 하는 동안 읽는 여러분도 궁금한 게 있을 것이다. 그럴 때 여러분은 어떻게 할까. 강의를 듣는 중이거나 친구와 대화를 나누는 중이라면 바로 물어볼 것이다. "어떤 책을 보는 게 나에게 도움이 될까?" "효율적인 독서 방법은 뭐가 있을까?" 등. 그럼 나는 대답을 한다. "많이 팔린 책이 좋은 책이야. 베스트셀러를 읽어.", "밑줄 긋고 메모하면서 적극적으로 읽어봐"라고 대답한다. 실생활에서 강의를 듣고 친구를 만나 대화를 하듯이 책을 읽어가는 것, 그것이 대화다.

대학교 수업시간을 떠올려 보자. 교수가 들어오고 강의가 시작된다. 교수는 오늘 주제에 대해서 주도적으로 이야기를 풀어 나간다. 하지만 강의가 교수만의 몫은 아니다. 강의를 듣는 학생 또한 참여자다. 강의 도중 손을 들고 궁금한 점을 묻는다. 학생은 묻고 교수는 답하고, 이렇게 대화를 나누어 가며 강의가 진행된다. 이처럼 말하는 사람과 듣는 사람이 질문을 주고 받듯이 책을 읽어 나가면 된다.

강의실을 보면 맨 뒤에 앉아 별 관심 없이 와서 시간만 때우다 가는 사람이 있는가 하면, 맨 앞자리에 앉아 적극적인 자세로 임하는 사람이 있다. 듣기만 하다 시간이 다돼 강의실을 나가기보다는 강의시간 중간에 질문을 자주 할수록 더 많은 것을 배울 수 있다. 뭔가 더 배워가고 싶다면 가능한 앞으로 나와야 한다. 손을 들고 질문하고 입을 떼고 물어봐야 한다. 한 발만 더 다가서

자. 책은 대화다. 한 발 더 다가설수록 보다 적극적으로 대화에 참여할 수 있다. 눈으로 글을 읽고 흘려보낸다는 생각보다는 저자와의 일대일 대화라고 생각하고 질문하고 대답해보자.

## 12장

책을
버리다니요?

　　　　　이사를 자주 다녀보니 그때마다 책의 양이 줄었다 늘었다 한다. 이참에 짐을 줄여야겠다는 생각에 책의 양을 왕창 줄였다가도 이사 후에는 그것을 보충이라도 하는 것처럼 다시금 책을 막 사들이게 된다. 곧 보관할 수 있는 한계점에 다다른다. 다시 이사를 갈 때쯤 선별 작업을 거치면 책의 양은 적정한 수준에 이른다. 하지만 신기한 것은 시간이 지날수록 꼭 갖고 있어야 하는 책이 점점 늘어난다는 점이다. 나이와 책을 읽어온 시간에 비례해서 꼭 소장해야만 하는 책들도 함께 늘어난다. 결국 아무리 다시 생각해도 버리지 못할 것 같은 책들이 남는다. 그 책들은 계속 함께 갈 수밖에 없다. 내 소중한 책들이니까.

　언젠가 이사 전 책장 정리를 할 때의 일이다. 책을 나눠주는 게 여의치 않아 할 수 없이 정리함에 버리고 있었다. 주말이라

동네 아주머니, 수위 아저씨 분들이 다 나와 계셨는데 책을 버리는 나를 정말 이상한 사람으로 보고 계셨다. 책을 버린다는 것이 그 분들 나이에서는 상상도 못할 일이었으리라 생각된다. 그래서 안타까운 마음에 내가 버린 책을 가져가시기 위해 옆에 서계셨다. 그중에는 욕심이 많아 한 번에 들고 갈 수 없어 나에게 꼭 놔두라고 신신당부하고는 집에 들어가서 또 가지러 나오시는 분도 있었다. 이걸 보면서 오히려 잘된 일이라고 생각했다. 나에게는 그저 그런 책이 그 분들에게는 새로운 세계를 접할 수 있는 멋진 책으로 다시 재발견될 수 있기 때문이다.

  책을 버리는 것에 거부반응이 있는 분들이 많다. 나 또한 그렇다. 안 쓰는 물건은 쉽게 버릴 수 있는데 책은 왠지 버리기가 쉽지 않다. 하지만 자신에게 안 맞는 책이라면 짐이 된다. 가지고 있다고 그것이 내 지식이 되지는 않기 때문이다. 자리만 차지할 뿐, 새로 들어와야 하는 다른 책들을 위해서는 안타깝지만 자리를 양보해야한다. 버리는 게 쉽지 않다면 누군가에게 주는 것도 방법이다. 책 준다고 싫어할 사람 없다. 한 번 읽었지만 이제는 필요 없는 책, 재미있을 것 같아서 샀지만 일 년이 다되도록 읽고 있지 않은 책이 있다면 과감하게 방출하자. 짐이 되어버린 책을 버리는 혹은 나눠주는 작업을 하다 보면 반대로 꼭 가지고 있어야 할 책들이 보인다.

  책은 정말 자신의 주인을 찾아주는 사람에게 가야지 의미가 있다. 아니면 단지 글이 인쇄된 종이 묶음에 불과하다. 내가 가장 즐겨 쓰는 방출 방법은 지하철에 놓고 내리기다. 소극적인 형식의 책 나누기 행사다. 누군가는 퇴근 길 내가 놓아둔 책을 주워갈 것이다. 그리고는 평소라면 만나지 못했을 새로운 주제, 새로운 저자의 책을 만나 흥미로운 독서의 세계에 빠질지도 모를 일이다.

아무것도 못 버리는 사람은 아무것도 소중한 것이 없는 사람이다. 다 가질 수 없듯이 책 또한 선별작업이 필요하다. 그 과정에서 이 책이 얼마나 소중한지 다시금 재발견할 수 있는 기회도 얻을 수 있다.

나눠주고 나눠줘도 결국 내 곁에 남는 책들이 있다. 처음에는 꼭 가져가야만 했던 책이 10여 권에 불과했지만 글을 쓰는 지금은 100여 권의 책과 함께 동거중이다. 방에는 서가가 별도로 세팅되어 있다. VIP 특별 공간으로 그냥 보는 책, 언젠가는 내보내야 할 책들과 구분되어 있다. 짐을 줄이기 위해서 다시금 보고 또 봐도 그 책들만은 버릴 수가 없다. 열손가락 깨물어 안 아픈 손가락 없듯 이 책을 봐도 저 책을 봐도 소중하다. 책이 늘어나는 건 관심 있어 하는 주제들이 늘어나기 때문이다. 처음에는 경제경영서로 시작했던 독서가 요리, 여행, 조선역사 등 시간이 갈수록 넓혀졌기 때문이다.

물리학에는 엔트로피 법칙이라는 게 있다. 세상의 변화는 엔트로피(무질서)가 증가하는 쪽으로 변화한다는 의미를 담고 있다. 서가도 그렇다. 처음에는 가지런하게 보고 싶은 책들로 꽂혀

있던 서가가 시간이 지날수록, 관심이 멀어질수록 점점 무질서해진다. 읽고 싶은 책을 찾느라 허비하는 시간이 늘어난다. 읽고 싶은 책은 꼭 읽고 싶지 않은 책들 사이에 숨어 있어 책을 읽고 싶은 욕구를 떨어트린다. 상황이 이 정도에 이르면 정리할 때가 온 것이다. 무질서를 바로 잡아 질서를 유지해야 한다. 책을 꺼내 살펴보면서 더 이상 안 볼 책은 버리거나 나눠주고 꼭 봐야할 책은 주제별로 모아서 정리한다. 이 때 필요한 것이 바로 '버리기'다. 버리기는 책을 '구매'하는 것만큼 중요하다.

## 13장
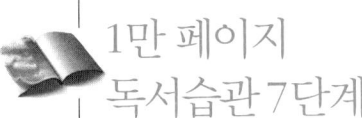
# 1만 페이지
# 독서습관 7단계

　　　　　　1만 페이지 독서법은 누구나 쉽게 할 수 있을 뿐 아니라 꾸준하게 오래도록 독서를 할 수 있도록 해준다. 하지만 잘 실천하다가도 어느 사이에 독서를 쉴 수도 있다. 책 읽기보다 급하고 중요한 일이 있을 수도 있고, 모든 일이 다 귀찮아질 수도 있다. 1만 페이지 독서를 한 해의 계획이라고 생각한다면 그런 시간들이 슬럼프일 것이다. 슬럼프는 한번 빠지면 헤어나기가 쉽지 않다. 책 읽기가 습관이 되기 전에 목표를 지키지 못하고, 하루 이틀 미루다 보면 의욕을 상실하게 되고 슬럼프가 온다.

　모든 일이 그렇지만 의욕이 충만할 때 자신을 다잡는 것이 필요하다. 1만 페이지 독서를 하기 위해 어떤 마음의 자세를 다잡으면 좋을까? 세계적인 자기계발 전문가 브라이언 트레이시가 자신의 저서 《백만불짜리 습관》에서 소개한 새로운 습관을 만드는 7단계를 살펴보자.

### 새로운 습관 만들기 7단계

1. 결심하라
2. 예외를 인정하지 마라
3. 다른 사람에게 말하라
4. 새로운 자신을 시각화하라
5. 확인하라
6. 굳은 결심으로 밀어붙여라
7. 자신에게 보상하라

이를 1만 페이지 독서법에 응용해보면 어떨까?

### 1만 페이지 독서습관 만들기 7단계

1. 내 인생을 위해 이 정도는 하겠다고 다짐하라
2. '오늘 하루만' 하고 어물쩍 넘어가지 마라
3. 오늘까지 몇 퍼센트를 달성했다고 사람들에게 자랑하라
4. 1년 후 달라져 있을 나의 모습을 상상하라
5. 지금까지 기록한 1만 페이지 달성표를 살펴보라

6. 책을 구입한 그 자리에서 목표량을 달성하라
7. 1,000페이지를 달성할 때마다 자신에게 보상하라

이렇게 적어놓고 1만 페이지 독서를 실천해보자. 좀처럼 책이 손에 잡히지 않고 나태해질 때마다 이 원칙을 떠올린다면 책을 읽는 태도가 달라질 것이다.

책의 서두에서도 말했지만 책 읽기는 삶을 대하는 기본적인 자세를 보여준다. 1만 페이지 독서를 잘 실천해나간다면 게으름에서도 벗어날 수 있을 뿐 아니라 새롭고 다양한 자기발전의 욕구를 분명히 느끼게 될 것이다. 위의 7단계는 자신을 발전시키는 최소한의 다짐이며 지속적인 성장을 위한 약속임을 명심하자.

MD와 책 읽기 ── 【 1만 페이지 독서기 】

　1만 페이지 독서법에 대한 책을 쓰기 시작할 때 아는 사람에게도 함께 이 방법을 해보자고 권했었다. 일을 통해 알게 된 협력업체 분이었는데 하는 일이 책과 관련된 일이었음에도 책을 읽는 게 쉽지 않다고 토로했었다. 우연히 《2주에 1권 책 읽기》에 대해 이야기를 나누다 나온 이야기였지만 해보고 싶다고 해 자세하게 방법을 알려주었다. 그렇게 시작되어 지난 1년간 함께 1만 페이지 독서를 하면서 이 독서법의 장단점이 더욱 잘 드러났고 한 권의 책으로 꾸밀 정도가 되었다. 아래는 그 분이 보내온 1만 페이지 독서기다. 1만 페이지 독서를 끝낼 때마다 이렇게 독서기를 정리해보면 어떨까. 변화하는 자신을 만날 수 있을 것이다.

: 어떻게든 책을 읽게 만드는 힘 :

　처음 1만 페이지 독서를 소개 받았을 때 나는 독서에 흥미를 잃고 있었다. 정확히 말하자면 책 읽을 시간이 없다고 입버릇처럼 불평을 늘어놓고 있었다. 가끔씩 신문에 등장하는 책 광고나 서평기사를 접할 때마다 보고 싶은 책들로 얼마나 조바심이 났는지 모른다. 일이 바쁘고 힘들다는 평계로 약간의 빈 시간에는 쉬어야 한다는 생각에 잠을 자거나 TV를 봤다. 그렇게 멀리하고 있을 때 1만 페이지 독서법을 만났다.

　1년에 1만 페이지를 읽는다? 처음에는 1만 페이지라는 숫자에 놀랐다. 하지만 곧 권수로 따지면 몇 권 되지 않는 것을 알았다. 목표치고는 적은 것처럼 보였다. 그런데 지난 한 해 동안 읽었던 책들의 페이지를 생각해보니 대략 1만 페이지에서 2천 페이지나 비었다. 틈틈이 책을 읽었다고 생각했는데 사실 책 읽는 시간이 많지 않았던 것이다. 매일 책을 읽는 게 아니라 내키는 대로 읽어온 게 가장 큰 문제였다. 이래서는 독서습관이라고 할 수도 없었다.

　그날 저녁 나는 1만 페이지 독서법에 맞춰 읽을 책의 목록을 정리하고 바로 실행에 들어갔다. 내가 고른 책들은 모두 400페이지 이상의 두꺼운 책들이었다. 이 정도면 단 20권 정도로도 목표를 채울 수 있었다. 1만 페이지 독서를 시작하자 하루에 꼭 읽어야 할 독서량을 채우지 못하면 나중에 그만큼 읽어야 한다는 부담감이 금방 다가왔다. 책 읽기는 이제 미룰 수 없는 일이 되었다. 출퇴근 길 전철 안에서 졸던 버릇을 고치고 무조건 책을 읽었다. 실행을 하면서 방법도 고쳐나갔다. 틈틈이 책을 읽으려면 무거운 책보다 가볍게 들고 다닐 책이 필요했다. 시집과 포켓 사이즈 책들을 1만 페이지 독서 목록에 넣었고, 두꺼운 책들은 주말에 집에서 차분하게 읽었다.

　목표를 잡고 1만 페이지 독서를 하기 시작하자 2개월 쯤 후에는 책 읽기가 내 중요한 하루 일과가 된 것을 느꼈다. 당초 예상했던 일 년의 기간보다 4개월을 줄여 8개월 만에 목표를 채울 수 있었다. 물론 책을 읽지 않았던 날들도 있었다. 하지만 머릿속으로는 언제 어디서 몇 분 동안 그 양만큼 읽겠다는 계획을 하고 있었다. 책 읽기가 뚜렷하게 내 일상 속에서 부피를 차지하게 된 것이다. 그 전에는 존재감이 그렇게 크지 않았다.

  1만 페이지 독서를 하면서 꼭 좋은 책을 골라봐야겠다는 생각은 하지 않았다. 하루라도 빼먹지 않고 책을 읽는 게 중요했다. 1만 시간의 법칙처럼 꾸준히 하겠다는 생각이 먼저였고 읽다보면 자연스럽게 책을 보는 안목이 높아질 꺼라 믿었다. 어떻게 해야 좋은 책을 고르고, 어떻게 읽어야 책의 내용을 내 것으로 만들 수 있는가는 부차적인 문제로 생각되었다. 일단 나는 절대적으로 책을 읽는 양이 부족했다! 독서습관이 잘 안 들어 있는데 명저라 일컫는 책을 많이 알고 있어봐야 무슨 소용이겠는가. 어떻게든 책을 읽게 해주는 것. 이 점이 1만 페이지 독서법의 힘이 아닐까.

Part 4

# 1만 페이지 독서력 업그레이드 Ⅱ:
### 2% 다른 책 읽기

◆ ◆ ◆

절대 나라면 돈 주고 사보지 않았을 '낯선' 책들을 골라서 사보는 것도 한 방법이다. 꼭 사서 봐야 할 책, 누가 선물해주면 좋을 책, 빌려서 보고 싶은 책이 따로 있다. 이 세 가지 기준에도 들어가지 않는 책이야말로 정말로 나에게는 '낯선' 책이다. 그래서 용기가 필요하다. '익숙한 나로부터의 결별'을 위해서는 그 정도의 용기는 발휘해야 한다.

1장

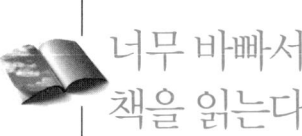
너무 바빠서
책을 읽는다

우리가 처리해야 할 일은 시급과 중요한 정도를 기준으로 4가지로 구분할 수 있다. 급하고 중요한 일, 급하지 않으나 중요한 일, 급하나 중요하지 않은 일, 급하지도 않고 중요하지도 않은 일. 이 중 우리는 대부분의 시간을 급하나 중요하지 않은 일을 처리하는데 보낸다. 정작 중요한 급하고 중요한 일을 처리하는 것은 일의 우선순위에서 밀려있다.

회사 내에서도 마찬가지다. 자신의 업무와 관련해서 성과를 높이기 위해 반드시 필요한 일 보다는 누가 시켜서, 누군가에게 보고하기 위한 당장 급한 일을 처리하느라 급급하다. 주(主)가 아닌 객(客)의 업무를 처리하다 보니 바쁘게 움직이고 시간을 많이 들이지만 성과가 나지 않는다.

세계적인 자기계발 전문가 스티븐 코비는 이런 상황을 두고

'긴급성 중독'이라고 표현했다. 멀리 내다보지 못하고 당장 눈앞에 떨어진 '긴급한' 일을 처리하느라 급급해 하는 현대인들을 뜻하는 말이다.

: 중요한 일은 오늘 꼭 해야 한다거나, 아니면 심지어 이번 주에 꼭 해야 하는 경우가 드물다... 긴급한 일은 즉각적인 행동을 요구한다. 이런 일의 순간적인 매력은 뿌리칠 수 없고 중요한 것으로 여겨진다. 그래서 우리 에너지를 삼켜 버린다
―《소중한 것을 먼저하라》 51p

긴급성 중독에 의해서 다른 일을 처리하다 보니 자꾸만 우선순위에서 밀려난다. 그런 일 중에 독서도 포함되어 있다.

너무 바빠서 책을 읽지 못한다고 사람들은 말한다. 하지만 이 말은 틀렸다. 너무 바빠서 책을 읽지 못하는 게 아니라 너무 바쁘기 때문에 책을 읽어야 한다. 바쁘다는 이유로 책을 읽지 않는 사람은 생각할 시간을 잃어버린 사람이다. 생각을 하지 않기 때문에 일을 할 때마다 시간이 많이 걸리고 생산성이 떨어진다. 더 나은 발전을 위한 시간을 갖지 않기 때문에 변화하지 못하고 그렇기 때문에 지금의 삶이 계속 똑같을 수밖에 없다.

시간이 정말 물리적으로 없느냐는 질문에는 핑계라는 말밖에 할 수가 없다. 시간이 없어서 책을 읽지 못한다는 것은 단연코 핑계다. 하루에 2~3시간이 필요한 것도 아니다. 단지 15분, 30분

만 있어도 읽는다. 운동처럼 헬스장에 가야하거나 기구를 집에 들여놓고 운동복을 갈아입고 해야 되는 것도 아니다. 그 자리에서 책만 펼치면 된다. 돈이 많이 들지도 시간을 많이 잡아먹지도 않는다. 단연코 핑계다. TV볼 시간 30분은 있고 게임할 시간 30분은 있다. 하지만 책볼 시간이 없다니 핑계일 뿐이다.

시간적 여유라는 것은 알고 보면 오히려 천천히 책을 읽고 생각함으로써 이루어진다. 빨리 일처리하기 위해서 우왕좌왕하다 보면 오히려 시간이 더 걸린다. 오히려 차분히 일의 진행과정을 생각하고 논리적으로, 효율적으로 일처리를 하다 보면 더 빠르게 일을 처리할 수 있다. 바쁠수록 돌아가라는 말, 옛 조상의 지혜는 지금도 유효하다. 중요한 결정을 잊어버리기 일쑤이고 지금 배워야할 것을 놓치기 일쑤라면 더 나은 미래를 기대하기는 어렵다. 당장 바쁘다고 책 읽는 것을 미뤄둔다면 나중에 더 후회하는 일이 생긴다.

바쁜 걸로 치면 회사 다니는 우리보다 CEO들이 더 바쁘다. 일반 직장인 보다 더 많은 업무와 의사 결정의 책임을 안고 있다. 그런데도 일반 직장인보다 더 많은 책을 읽는다.

독서 경영을 활발하게 하는 회사들이 많다. 잘 나가는 기업일수록 직원들에 대한 교육과 투자에 더 많은 시간을 투자한다. 일을 할 수 있는 시간을 줄이면서까지 왜 교육하고 책을 읽히는 것일까? 그런 시간들이 당장은 손해인 것 같아도 길게 보면 생산성을 높이고 회사에 도움이 되는 방법이라고 생각하기 때문이다.

　너무 바빠서 책을 읽지 못한다는 이야기가 아니라 너무 바쁘기 때문에 책을 읽어야 한다는 말이 맞다. 바쁠수록 중요한 것을 놓치게 된다. 시간적 여유는 오히려 책을 읽으면서 생긴다.

## 2장

### 직장인의 책 읽기는 다르다

**1. 화두를 발견하라**

수많은 신간들을 보면 서로 다른 이야기를 하는 것 같지만 자세히 살펴보면 비슷한 주제들이 인기를 끌고 있다는 것을 알 수 있다. 그 포인트를 찾는다. 사람들이 왜 이 주제에 관심을 가지는 걸까 생각해 본다. 최근에는 단연 '소셜(social)'로 대표되는 모바일 세상에 대한 관심이 인기다. 인터넷 이후 새롭게 등장한 신세계, 그곳에 대한 호기심과 궁금증, 기회를 찾고자 하는 사람들의 관심이 책 속에 드러나 있다.

'에코(eco)'도 빼놓을 수 없는 주제다. 단순히 지구를 보호하자는 환경적인 차원은 옛말이다. 탄소 배출권과 같이 환경이 기업 경영과 생산, 마케팅에 영향을 미치는 시대가 되었고 관련된 책들도 많이 출간되어 있다.

## 2. 아이콘이 되는 인물을 읽어라

시대의 주목받는 아이콘이 되는 인물들이 있다. 그 사람을 보면 시대가 원하는 경영 가치를 알 수 있다. GE의 전 회장 잭 웰치가 주목받던 시기가 있었다. 600페이지가 넘는 양에도 불구하고 그의 자서전은 불티나게 팔릴 만큼 인기가 많았다. 카리스마 리더십, 식스시그마로 표현되는 생산성에 대한 고집 등이 그 시기 경영 전반의 관심 주제였다. 반면 지금은 잭 웰치의 인기는 사그라들었다. 대신 그 자리를 스티브 잡스가 차지하고 있다. 서점에 보면 그의 얼굴로 표지를 장식한 책을 손쉽게 찾아볼 수 있다. 그의 창조성이 주목받고 있는 시대다. 전통적인 기업관과 조직 관리의 잭 웰치의 시대는 저물고 창조적이고 자율적인 경영의 스티브 잡스가 주목받는 시대다.

## 3. 유행에 따라 변하는 책, 변하지 않는 책

수많은 책이 나오고 사라지고 그 와중에도 계속 독자들의 관심을 받고 있는 스테디셀러들이 있다. 베스트셀러가 지금의 트렌드를 알려준다면 스테디셀러는 시대의 흐름을 막론하고 언제나 읽어야 할 고전이자 필독서다. 대표적으로 피터 드러커의 책들이 있다. 수많은 경제경영 독자들의 서가에서 언제나 존재할 사람, 죽은 후에도 잊히지 않는 사람이 바로 피터 드러커다. 그의 저작들은 길게는 수십 년 전에 출간되었지만 지금 읽어도 시대에 뒤쳐지지 않는 텍스트이다.

4. 앞으로 필요한 지식은 무엇인가?

무일푼에서 700억의 기업체를 성공적으로 키워낸 김승호 사장. 그는 자신의 책에서 CEO가 생각하는 승진 기준과 직장인이 생각하는 승진 기준의 차이를 언급한다. 대부분의 사람들은 지금까지 해온 성과에 대한 보상으로서 승진을 생각하지만 CEO 입장에서는 승진하는 직책의 일을 할 수 있는 역량이 되는지가 중요하다고 말한다. 즉, 평소에 본업무 외에 승진하는 업무를 위해서 준비하는 사람에게 그 기회가 제공된다고 할 수 있다. 시각 차이가 분명하고 열심히 일해 온 사람에게는 억울할 수 있는 부분이지만 회사를 운영하는 CEO로서도 충분히 이해가 되는 부분이다. 한 단계 레벨 업하기 위해서는 현재 주어진 일만 해서는 안 된다. 지금 관심 있는 책을 보는 것과 함께 앞으로 나에게 필요한 책은 무엇일까? 하는 관점에서 질문을 던지고 책을 읽어야 한다.

5. 예측서로 앞서나간다

남들 보다 앞서 나가기 위해서는 고급 정보가 필요하다. 트렌드서, 예측서, 미래전망서, 업계지도 같은 책들이 그런 고급 정보를 제공한다. 트렌드서는 단순히 앞으로 어떻게 될 것인지를 나타내는 지표만은 아니다. 그것을 잘 활용하는 것에 따라서 더 앞서 나갈 수도 뒤쳐질 수도 있다. 예를 들어 SERI 전망서나 LG 경제연구소의 책들을 통해서 미래 성장률과 자신이 속한 분야의 시장상황을 내다보고 기획안을 작성하거나 준비할 때 보다 도움을 받을 수 있다.

또한 트렌드서는 훌륭한 재테크서이기도 하다. 특히 업계지도와 같은 경우는 유망한 기업에 대해 다양한 통계자료를 근거로 경영실적, 주력산업 등을 분석해놓았기 때문에 주식투자자들이 많이 찾는 책이다. 입사하고 싶은 희망기업을 찾거나 창업을 위해 업종선택을 할 때도 도움을 받을 수 있다.

## 3장
# MUST
# HAVE BOOK

　　　　　　　　스톡데일 패러독스(Stockdale paradox)라는 말
이 있다. 월남전 때 포로가 되었던 사람들 중에 '언젠가는 집에
돌아갈거야'라는 막연한 희망을 품었던 낙관론자보다 '어렵지
만 언제는 풀려날 수 있을 것'이라고 믿었던 낙관적인 현실론자
들이 끈질기게 살아남는 현상을 두고 생겨난 말이다. 이 용어는
《좋은 기업을 넘어 위대한 기업으로》으로 라는 책에서 소개되어
유명해진 말이기도 하다. 안철수 전 대표는 자신이 감명 깊게 읽
은 책으로 이 책을 소개하며 내용 중 '스톡데일 패러독스' 부분
을 중요하게 언급했다. '냉혹한 사실을 직시하라, 그러나 믿음
은 잃지 말아라'는 이 말이 기업 경영에 있어서 꼭 필요한 부분
이다. 세계적인 경영 컨설턴트 짐 콜린스를 비롯한 21명의 연구
팀이 5년간 연구한 조사의 결과물이기도 한《좋은 기업을 넘어

위대한 기업으로》는 수많은 CEO들이 필독을 권하는 머스트 해브 북(MUST HAVE BOOK) 중의 한 권이다.

"일주일간 무료로 써보세요. 마음에 들지 않으면 환불해 드립니다." 홈쇼핑에서 흘러나오는 광고 멘트다. 정말 일주일만 써보고 반품하면 회사로서는 손해일 텐데 이렇게 자신 있게 권하는 이유는 무엇일까? 결론만 말하면 회사에 이득이다. 실제로 써보고 반품하는 사람은 극소수에 불과하기 때문이다. 실험에 의하면 사람들은 자신이 사용한 물건에 애착을 가지게 되고 이 애착은 환불을 망설이게 되는 이유가 된다고 한다. 마트에서는 왜 적극적으로 시식을 권할까? 시식을 해본 사람 중 많은 사람이 결국 그 물건을 구입하기 때문이다. 코너 운영 후 적게는 2배에서 많게는 5배까지 매출이 증가한다고 한다. 심리를 알아야 경영이든 마케팅이든 소비를 하든 이용하거나 이용당하지 않을 수 있다. 이런 설득 심리를 재미있게 풀어쓴 책이 있다. 바로 《설득의 심리학》이다. 이 책 역시 2003년 출간 이래 80만 부가 넘게 팔린 경제경영서 머스트 해브 북 중의 하나다.

패션 잡지를 보면 매 시즌 머스트 해브 아이템(MUST HAVE ITEM)이 등장한다. 유행을 아는 잇 걸(IT GIRL)이라면 지나칠 수 없는 필수 구매 상품이라는 의미다. 책에도 이런 머스트 해브 북이 있다. 패션과 차이점이라면 시간이 지나고 유행이 바뀌어도 언제나 읽어야 할, 훌륭한 메시지를 전달하는 필독서라는 점이다. 읽어도 그만, 안 읽어도 그만이 아닌 반드시 꼭 읽어야만 하는 책. 서가에 꼭 꽂혀있어야만 하는 머스트 해브 북을 소개하려고 한다.

　마산의 4.5평 크기의 작은 육일약국을 거대 약국체인으로 성장 시킨 사람, 이어 메가스터디 엠베스트 공동 CEO까지, 김성오가 보여주는 열정의 성공 스토리《육일약국 갑시다》. 한 사람의 진정한 열정이 주변 사람을 어떻게 감동시키고 불가능한 일을 이루어낼 수 있는지를 보여주는 성공 스토리다.

　선진국은 과연 선(善)한가? 그들의 주장대로 따라가는 것이 우리에게도 이득일까?《나쁜 사마리아인들》이 이 질문에 답한다. 자신들만의 발전을 위할 뿐 개발도상국의 성장에는 무관심한, 오히려 방해하고 있는 그들의 어두운 면을 과감하게 밝혀낸다.

　주식투자 부동산투자 백날 해도 원리 모르면 헛수고다. 풍부한 경제 지식은 물론 인문학적 지식까지 갖춘 시골의사가 풀어내는 진짜 부자학 강의《시골의사의 부자경제학》이다.

　머리에 딱 달라붙는 메시지의 비밀은 무엇일까? 단순한 메시지, 듣는 이의 예상을 망가뜨리는 예외성, 머리 속에 생생히 그려지는 스토리 등《스틱》을 보면 그 답이 보인다.

　《블링크》,《티핑포인트》의 저자 말콤 글래드웰이 밝힌 천재성의 비밀《아웃라이어》, 일본 불황기에 10배 성장, 손대는 분야마다 세계 1위의 신화가 된 회사《일본전산 이야기》, 중국에서 100만 부 이상이 팔린 베스트셀러《화폐전쟁》. 달러, 금본위제, 국제 금융 엘리트들의 음모를 밝힌다. 단순히 내일 투표할 거냐고 묻는 것만으로도 투표율이 올라간다? 똑똑한 선택을 이끄는 힘 《넛지》까지.

여러분은 위 10권에서 총 몇 권을 읽었는가? 7권 이상이라면 훌륭하다. 대부분 출간 되어 시간이 많이 지났는데도 여전히 인기리에 읽히는 책들이다. 그만큼 좋은 책들을 읽었다는 점에서 안심해도 좋다. 3권 미만이라면 긴장할 필요가 있다. 많이 늦었다. 지금이라도 서점에 가서 구입해 읽어보도록 하자.

경제경영 분야 외에도 머스트 해브 북을 조사해서 1만 페이지 독서를 해보자. 구매한 머스트 해브 북을 남김없이 읽게 하는 것도 이 독서법의 매력이다.

## 4장

## 회사에서 필요한 인재가 읽어야 할 7가지

수많은 과목 중 좋은 대학에 들어가기 위해서 반드시 잘해야 하는 국어, 영어, 수학처럼 회사에서 필요한 인재가 되기 위해서는 꼭 알아야 할 주제들이 있다. 회사 내에서 인정받고 승진하는 데 욕심이 있는 직장인이라면 다음 주제를 놓치지 말고 평소에 공부해 두자.

**마케팅** : HP 공동 창업주 데이비드 패커드는 "마케팅은 너무 중요해서 마케팅 부서에 맡겨둘 수 없다"고 말했다. 마케팅은 마케팅 부서만의 전유물은 아니다. 마케팅은 결국 고객을 아는 것이고 고객을 알아야 지원부서든 영업부서든 성과를 낼 수 있다. 마케팅 분야 고전인 《포지셔닝》, 《마케팅 불변의 법칙》은 어떤 책을 읽더라도 가장 먼저 읽어야 할 기본서다. 이기는 것도

습관이라고 했다. 이론서 보다는 《모티베이터》, 《마케터 분투기》처럼 실전에서 성공과 실패를 경험해 본 사람들의 이야기를 권한다.

**디자인** : 보다 나은 속도와 보다 나은 제품이 이기는 것이 아니라 디자인이 아름다운 제품이 이긴다. 디자인은 단순히 물건을 예쁘게만 만드는 것이 아니다. 사람들이 생각하고 문제를 풀어나가는 방식에 관한 이야기이기도 하다. 디자인을 공부하기 위해 예술 디자인 분야까지 갈 필요는 없다. 경영에 접목시킨 디자인 관련 책들이 경제경영 분야에도 많이 있다.

**회계** : 최근 들어 부쩍 회계에 대한 관심이 늘어나고 있다. 회계는 처음에는 특정 부서 사람들의 전유물이었지만 이제는 직장인이 회사 내에서 혹은 투자를 하기 위해서 반드시 알아야 하는 용어이기도 하다. 세계적인 투자자 워렌 버핏에게 회사 동료의 딸이 대학에서 어떤 과목을 공부하는게 좋겠느냐고 묻자 그는 이렇게 답했다. "회계를 해 보렴. 회계는 비즈니스의 언어라고 할 수 있으니까." 회계 공부의 어려움을 덜기 위해 요즘은 《회계천재가 된 홍대리》처럼 이야기 형식으로 나와있는 책들이 많다.

**혁신** : 회사가 직원들에게 간절히 원하는 주제가 창의적인 능력이고 혁신이다. 혁신의 범위는 넓다. 현재 내가 하고 있는 업

무를 더 잘하는 방법, 지지부진하기만 한 매출을 한 단계 끌어올리는 방법, 비용을 줄이고 생산성을 높이는 방법 등 회사 곳곳에서 혁신의 대상들을 찾을 수 있다. 세계적인 디자인 기업 IDEO의 창의력과 혁신 비결을 담은 《유쾌한 이노베이션》을 읽어보라. 생각하는 방식부터 달라져야 함을 배울 수 있다.

조직 관리 : 준비되지 않고 리더에 오르는 것만큼 본인과 회사, 조직구성원에게 해가 되는 일은 없다. 단순히 오래 다녔다고 해서 나이가 많다고 해서 조직의 리더가 되는 건 아니다. 아무도 가르쳐주지 않고 승진한다고 해도 회사가 별도로 가르쳐 주지도 않는 부분, 바로 조직 관리 영역이다. 오랫동안 사랑받고 있는 《칭찬은 고래를 춤추게 한다》가 대표적인 도서다.

말하기 : 일 잘하는 사람이 주목받는 게 아니다. 자신의 생각을 잘 표현하는 사람이 주목받는다. 아무리 많이 알고 많이 할 수 있다고 해도 남 앞에서 논리적으로 설명하지 못한다면 그것은 아무런 의미가 없다. 말하고 표현하는 능력은 타고나는 게 아니라 이론과 실전을 통해서 익힐 수 있다. 프레젠테이션은 물론 요즘은 이메일의 중요성도 강조되고 있다.

심리학 : 심리학은 물건을 팔고 마케팅을 하는 기본 개념이기도 하지만 그보다 밑바탕의 것들을 이야기해주는 학문이기도 하

다. 결국 회사의 모든 일은 단순화시키면 사람에 관한 일이다. 사람들을 뽑고 사람들과 일하고 사람들에게 물건을 판다. 대상이 되는 사람들을 보다 잘 이해할 수 있도록 도와주는 학문이 심리학이다. 연애 심리학에서 소비 심리학까지 다양한 스펙트럼의 심리학 책을 즐길 수 있다.

**5장**

자기계발서
읽기

    베스트셀러 작가가 되는 것이 꿈인 사람이 있었다. 초등학교 교사였던 그는 아이들을 가르치면서도 틈틈이 시간을 내어 글을 썼다. 이렇게 하기를 15년, 몇 권의 책을 낸 이후 그가 발표한 《꿈꾸는 다락방》이 베스트셀러가 되면서 그는 꿈을 이룰 수 있었다. 이지성 작가의 이야기다. 그는 자신의 책에서 'R=VD'라는 법칙으로 꿈을 이루는 방법을 설명한다. '생생하게(vivid) 꿈을 꾸면(dream) 이루어진다'라는 뜻이다. 책에 나온 방법대로 그는 꿈을 꾸었고 결국 자신의 법칙이 맞다는 것을 스스로 증명해 보였다.

    '자주 생각하면 결국 이루어진다'라는 명제는 수많은 자기계발서에 등장하는 공통된 가르침이기도 하다. 가장 대표적인 책으로 《시크릿》을 꼽을 수 있다. '나는 할 수 있다. 나는 된다'라는 긍정적인 생각과 간절한 믿음이 만나면 강력한 힘이 되어 바라는 것이 이루어진다라는 것이 책의 내용이다. 여러 권의 책에서 인용되는 '끌어당김의 법칙'도 같은 맥락의 이야기다. 성공이든 실패든 자신이 평소에 계속 생각하는 쪽으로 결과가 이루어진다는 뜻이다. 긍정적인 말을 하고 성공을 자꾸만 이야기하는 사람은 말처럼 그렇게 된다. 부정적인 말을 달고 살고 실패만 걱정하는 사람은 자신의 걱정처럼 그렇게 된다.

씨앗을 심고 물을 준다. 조급한다고 바로 싹이 나고 열매가 맺는 건 아니다. 시간이 필요하고 관심과 애정이 필요하다. 햇볕을 쬐어주고 꾸준히 물을 주다 보면 조금씩 싹이 나더니 어느 순간 훌쩍 자라나 열매를 맺는다. 시간에 비례해서 성장하는 것이 아니라 어느 순간 확 커 있다는 것을 알 수 있다.

자기계발서를 왜 읽느냐고 묻는 사람들이 있다. 다 아는 내용인데 굳이 읽을 필요는 없다고 말한다. 자기계발서를 읽는다고 얼마나 바뀌겠느냐고 말하는 사람도 있다. 모두 맞는 말이다. 자기계발서는 기본적으로 우리가 다 아는 내용이다. 내용의 깊이면에서도 다른 분야 책을 따라가지 못한다. 인문학처럼 깊이 있는 철학을 제시하지도 못한다. 경제경영서처럼 기업 현장에 필요한 직접적인 해법을 제시하지도, 문학처럼 재미있게 읽히지도 않는다. 하지만 그럼에도 읽어야 하는 이유는 무엇일까? 자기계발서가 존재하는 이유는 읽는 사람의 마음에 자극을 주기 때문이다.

꿈을 목표로 달려가다 보면 사람인 이상 그 과정에서 마음이 약해지고 꿈을 자꾸 잊어버리고 노력하기 싫어지고 게을러진다. 그럴 때 읽는 자기계발서는 '아, 이렇게 나태하게 살면 안되지'라고 다시금 생각하게 한다. 마음이 나태해졌다고 느끼고 무료해졌다고 느낄 때 사는 재미가 없을 때 그 사람에게 필요한 것은 따끔한 회초리와도 같은 자극을 주는 자기계발서 한 권이다.

## 6장
# 지금 당장 경제공부 시작하라

누구나 부자가 되고 싶어 한다. 부자가 되기 싫은 사람은 없다. 그렇다면 꼭 하나 해야 될 것이 있다. 바로 경제공부다. 환율도 공부해야 하고 경제 동향도 알아야 한다. 재테크하는데 뭐 그런 것까지 알아야 될까 싶지만, 경기 동향을 모르면 주식투자를 해도 손해 보기 일쑤다. 잘못된 투자처에 돈을 넣어두고 몇 년 동안 고생하기도 한다.

개인의 살림살이를 국가가 책임져주지 않는다. 급변이라는 말로 표현할 수밖에 없는 변화의 시대에 개인이 말 그대로 '생존'하기 위해서는 본인 스스로 살아남아야 한다. 투자 결정을 남에게 의지할 수는 없다. 책임은 고스란히 자신에게 돌아온다. 스스로 경제 현황에 눈을 뜨고 위험을 관리하는 법을 배워야 한다. 경제전문가가 되라는 말은 아니다. 최소한 TV나 신문지면에 나오는 경제기사의 의미를 알고 대처할 수 있는 능력을 기르자는 의미다.

> 환율 소폭 상승…1,180원대 후반
> 애그플레이션 실현되나…곡물發 수입물가 7.5%↑
> 채소값 급등…생산자물가 8개월째 상승
> 예금도 하고 주식도 하고…복합상품 쏟아진다

오늘도 쏟아지는 경제기사들, 기사의 의미를 알고 대응하기 위해서는 다른 사람이 아닌 나 스스로 이해할 수 있도록 경제지식을 쌓아야한다.

그럼, 경제 공부 어떻게 하면 좋을까?

### 1. 경제에 관련된 기본 철학을 익힌다

경제는 엄밀히 말하면 수학이나 과학이 아니다. 정답이 없다. 사회 현상을 보다 정답에 가깝게 설명하고자 노력할 뿐이다. 그 과정에서 자연스럽게 세상을 보는 기준에 따라 다양한 관점들이 생겨났다. 신자유주의학파, 오스트리아학파 등이 그런 예이다. 경제학과 관련된 기본 사상, 철학을 이해하면 보다 큰 틀에서 경제를 이해할 수 있다.

> 관련 도서 : 《세속의 철학자들》, 《죽은 경제학자의 살아있는 아이디어》

## 2. 자주 나오는 경제용어를 공부하라

출구전략, 기준금리, 위안화 절상 등 뉴스에 자주 등장하는 용어를 정확히 익히면 경제현상을 이해하는데 도움이 된다.

관련 도서 : 《경제 상식 사전》, 《만화로 읽는 알콩달콩 경제학》

## 3. 재미있게 이야기로 읽어라

경제 공부도 재미가 없으면 쉽게 질리기 마련이다. 구체적인 경제 지식을 제공해주지는 않지만 다양한 관점에서 경제를 보는 재미를 던져주는 경제이야기 책들을 읽어보자.

관련 도서 : 《경제학 콘서트》, 《괴짜 경제학》

## 4. 가장 손쉬운 경제 공부는 경제 기사 읽기다

인터넷 포털에 올라온 신문 기사를 통해서 경제공부를 쉽게 할 수 있다. 어려운 내용을 어떻게 이해하면 좋을지는 경제기사 읽는 법에 관한 책을 살펴보면 된다.

관련 도서 : 《지금 당장 경제기사 공부하라》, 《경제기사 궁금증 300문 300답》

## 5. 한국사회의 특수성을 이해한다

전반적인 경제학적 지식을 쌓은 다음에는 한국의 상황에 주목할 필요가 있다. 결국은 내 살림살이는 먼 나라가 아닌 한국 경제에 달려있으니까. 경제 전망을 통해 한국 경제를 이해하고 다

가올 변화를 준비하자.

    관련 도서 : 《위험한 경제학》, 《불편한 경제학》

### 6. 경제전문가를 찾아라

경제에 대한 해박한 지식을 대중적으로 잘 풀어내는 저자들이 있다. 이들의 이야기는 전반적인 경제지식에서부터 시장 상황을 꿰뚫어보는 통찰력도 보여준다.

    관련 도서 : 《나쁜 사마리아인들》, 《시골의사의 부자 경제학》

# 7장

## 재테크서는 반대로 읽는다

타워팰리스의 굴욕… 첫 공매물건 반값 낙찰 (한국경제, 2010. 8. 6)

얼마 전 명품 아파트의 상징인 타워팰리스가 반값 경매 되었다는 기사를 읽었다. 몇 년 전만 해도 부동산 광풍으로 온 나라가 떠들썩했는데 3~4년 만의 변화가 놀라울 뿐이다. 집값이 하루가 다르게 치솟을 때 사람들은 판교 로또를 사기 위해 빚을 지고 아파트를 분양받았었다. 책 제목에 '경매'라는 단어만 붙어도 베스트셀러에 오른 때가 있었다. 전 국민이 모두 경매에 빠져 경매 책을 한 권씩 사는 게 아닐까 생각이 들 정도로 붐일 때가 있었다. 그런데 지금은 반대다. 경매 관련 책이 거의 팔리지 않는다. 오히려 '하우스 푸어(House Poor)'처럼 집만 번드르르 할 뿐 사실 속을 들여다보면 빚 갚는데 급급한 가난한 사람들을 걱정하는 시기가 되었다.

　주식투자가 활황인 시즌이 있었다. 주식시장도 늘 활황과 불황이 있겠지만 MBC 9시 뉴스에 기사가 나오면 정말 초호황이라는 이야기다. 오늘 최고점을 찍었다는 기사가 뉴스를 장식할 때면 '○○신문 ○○○기자입니다'라는 전화가 자주 왔다. 주식책 판매량이 어떤지 묻기 위해서다. 주식 책은 신기하게도 주식시장의 활황과 불황에 비례해서 책이 나간다. 어쩌면 당연한 이야기일수도 있다. 주식이 오르면 주식 책도 판매량이 늘어난다. 주식이 떨어지면 주식 책도 판매량이 감소한다. 그렇기 때문에 주식 책 신간은 나온 시기의 주식시장 분위기에 영향을 받을 수밖에 없다. 야심차게 출판사에서 준비한 책이 출간되는 시점에 주식시장이 잘 나가다가 폭락한 적이 있다. 사이트에 올려 홍보를 하려다가 미룬 적이 있다. 지금은 시장상황이 좋지 않기 때문에라고 말씀드리면서.

　누구나 다 기억하는 펀드 열풍이 한창일 때도 있었다. 지금은 누구나 다 드는 펀드이고 신기할 것도 없지만 그 당시에는 펀드 하나 드는 것이 재테크의 완성처럼 느껴졌고 누구나 은행창구로 가 펀드를 들었다. 중국 펀드 하나 정도는 있어야 재테크를 한다는 소리를 들었다. 펀드 인기에 힘입어 펀드 책도 잘나갔다. 사람들은 펀드 공부를 하면서 대박을 꿈꾸었다. 창구에 가면 올림픽까지, 혹은 엑스포까지 중국 주식은 오를 것이라는 말을 하며 투자유치를 권했었다.

하지만 투자결과를 생각한다면 이렇게 책을 읽어서는 안됐다. 분위기에 휩쓸려 너도 나도 재테크 책을 읽고 투자에 나서서는 안됐다. 반대로 해야 하는 게 맞다. 부동산이든 경매든 주식이든 펀드든 누구나 관심 있어 할 때 뛰어든다면 상투를 잡을 확률이 크다. 부동산의 경우 최근 집값 하락으로 고통 받고 있는 사람들은 2000년대 초반에 집을 산 사람이 아니라 집값이 오를 때로 오른 2006년~2007년 전후에 집을 산 사람들이다. 판매량은 사람들의 관심의 척도이고 이 관심의 척도는 그만큼 이미 주변에서 투자를 통해서 돈을 벌었다는 사람들이 많다는 것을 증명한다. 그렇기 때문에 반대로 행동해야 한다. 부동산경매 책이 잘 나가고 경매가 호황일 때 오히려 멈춰서 물어봐야 한다. 지금이 경매에 나설 때인가? 한참 경매 붐일 때는 경쟁이 심해 낙찰률이 거의 아파트 매매가격과 별 차이 없을 때까지 올라갔다고 한다. 반대로 지금처럼 경쟁이 심하지 않을 때는 타워팰리스 예를 보면 알듯이 최고가의 반값도 가능해진다.

책은 트렌드에 맞춰 사람들과 함께 읽어 나가는 것이 좋다. 사람들의 유행을 알고 트렌드를 아는 게 중요하기 때문이다. 하지만 재테크 도서만큼은 누구나 다 하는, 누구나 다 열광하는 시점에서 반대로 생각해볼 필요가 있다. 읽더라도 인기 없는 분야에 관심을 가진다. 재테크서가 경제경영서 베스트셀러 상위를 차지한다면 투자의 속도를 조금 늦춘다.

투자만으로 세계적인 부자의 반열에 오른 워렌 버핏은 이런 말을 했다. "대부분의 투자자들은 다른 투자자들이 관심을 보일 때 따라서 관심을 보인다. 그러나 정작 관심을 가져야 할 때는 아무도 관심을 두지 않을 때다. 한창 인기 있을 때 사들이면 큰 돈을 벌기 어렵다." 남들과 똑같은 생각을 해서는 부자가 될 수 없다. 부는 한정되어 있고 모든 사람이 부자가 될 수 없다는 것은 조금만 생각해도 알 수 있다. 재테크 책은 읽어두되 투자에 대해서는 반대로 생각해볼 필요가 있다.

## 8장
# 몰입의 즐거움

시간 가는 줄 모르고 한 가지 일에 정신없이 몰두해 본 경험이 다들 한두 번쯤은 있을 것이다. 주변에서 부르는 소리가 들리지 않을 만큼 시간이 어떻게 흘렀는지 모를 정도로 무엇엔가 빠져 있었던 경험들, 이런 경험의 상태를 우리는 '몰입'이라고 부른다. 몰입은 지금 하고 있는 일에 온 신경이 집중되었을 때 경험할 수 있는 상태를 의미한다. 《몰입의 즐거움》의 저자 미하이 칙센트미하이는 이를 'Flow'라고 표현했다. 삶이 고조되는 순간에 물 흐르듯 행동이 자연스럽게 이루어지는 느낌이라는 뜻이다.

책을 읽다 보면 이런 몰입의 순간들을 자주 경험한다. 독서라는 행위 자체가 내가 읽고 있는 책에만 집중해야 하기 때문에 이런 순간을 자주 겪게 되는지도 모른다. 집중하지 못하면 책의 내용을 읽을 수 없다. 집중해야만 책의 내용을 온전히 받아들일 수 있다. '손에서 책을 내려놓을 수 없었다', '밤새 책을 읽었다'는 경험담들은 책을 통해서 느끼게 되는 몰입의 순간들을 표현한 내용들이다.

몰입하여 책을 읽어나가는 동안 시간은 다른 일상과 달리 천천히 흐른다. TV를 보면 한두 시간 정도는 금방 지나간다. 하지만 책에 빠져 있으면 한참을 읽었는데도 시계를 보면 자기가 생각하는 것보다 훨씬 적은 시간이 흘렀음을 알고 놀라게 된다. 똑같은 시간도 사람이 느끼는 것에 따라서 빠르게 흐르기도 느리게 흐르기도 한다. 시간이 천천히 흐른다는 말은 바꾸어 말하면 같은 시간 안에 우리가 더 많은 일을 할 수 있다는 뜻이다. 시간의 질이 올라가는 것이다. 똑같은 시간을 어떻게 보내느냐에 따라서 그냥 흘려보낼 수도 있고 의미 있고 알차게 채워나갈 수도 있다.

집중력, 그리고 몰입은 단순한 기쁨을 넘어 우리가 업무를 처리하거나 창조적인 일을 할 때 꼭 필요한 자질과 능력이다. 이런 것들이 일상 업무를 하는 동안 방해를 받고 오히려 집중력이 떨어진다면 독서를 통해서 그런 능력을 더 키울 수 있다. 책 읽기는 손쉽게 그리고 언제나 할 수 있는 몰입 증진 활동이라고 할 수 있다. 책을 읽으면서 키워진 몰입과 집중력은 단지 책만이 아니라 생활 속에서 그리고 내가 활동하고 공부하는 등 다른 활동에서도 플러스가 된다.

독서를 하는 도중 몰입의 상황을 더 잘 즐기려면 어떻게 해야 할까.

1. 몰입할 수 없게 만드는 책은 그냥 놔둔다. 읽지 않는다. 더 이상 나아가지 않는다. 자신과 맞지 않는 책을 읽지 않는 게 좋다. 억지로 읽으면 책에 대한 재미만 떨어트릴 뿐이다. 재미있는 책, 자신의 코드가 맞는 책만을 따라간다. 점점 빠져들고 계속 읽고 다른 책으로 확장해가면서 몰입의 순간들을 즐긴다.
2. 단지 읽는데 그치지 않고 책의 내용에 적극적으로 참여한다. '남의 이야기라고 생각하는 것보다 내가 주인공이다'라고 생각하고 다가서는 것이 집중력을 높여준다. 비판적인 사고를 바탕으로 책을 읽고 궁금한 내용, 새로 알게 된 내용을 밑줄 치며 메모하는 등 적극적으로 독서한다.
3. 집중할 수 없으면 기분 전환을 하라. 밖으로 나가 다른 활동을 하거나 새로운 것을 접하고 나서 다시 책을 보면 집중력이 올라간다.
4. 사람마다 집중력이 최고점이 되는 시간과 공간이 있다. 그런 시간과 장소를 찾아 책을 읽는다. 많은 사람들이 말하는 공통적인 시간들은 출퇴근길, 그리고 버스나 지하철과 같은 공간이다.

## 9장
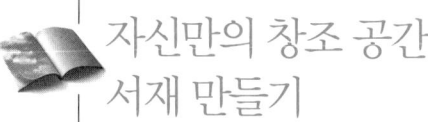
# 자신만의 창조 공간, 서재 만들기

 서재는 나의 베이스캠프다. 작업을 하고 책을 정리하고, 생각을 정리한다. 책은 어디서나 가지고 다니면서 읽지만 그것을 정리하는 공간 또한 필요하다.

 꼭 비싼 책꽂이를 들여놓고 방이 별도로 있어야 서재가 되는 건 아니다. 침실 한편의 작은 공간이든, 거실의 작은 공간이든 자신만의 공간이면 충분하다. 일본의 유명한 독서가인 다치바나 다카시는 젊었을 적, 나무로 된 사과상자를 주어다 그 안에 책을 꽂았다고 한다.

 조그마한 책상을 놓고 읽고 싶은 책, 읽고 있는 책을 쌓아둔다. 메모지를 가져다 놓고 펜, 포스트잇을 준비한다. 잡지에서 신문에서 오려낸 좋은 글귀나 사진, 1만 페이지 독서 기록장도 벽에 붙여놓으면 보다 자극이 된다. 공간이 완성되었다. 그 공간만큼은 이제 여러분의 공간이다. 자신이 발전할 수 있도록 돕는 공간이다. 이곳에서 쌓인 지식과 생각이 훗날 꿈을 이루는 힘이 되어준다.

서재라는 말이 너무 거창하면 이 공간에 다른 이름을 붙여보자. 텅 빈 머리에 새로운 생각을 불어넣어준다는 의미로 '생각 충전소'나 《꿈꾸는 다락방》의 책 제목을 빌려 '꿈꾸는 책방'이라고 부르는 건 어떨까? 상상력을 발휘하면 아무리 작은 공간도 나를 위한 둘도 없는 공간이 된다.

대부분의 시간을 밖에서 보내다 보면 책 읽기 또한 많은 시간 밖에서 이루어지기 마련이다. 밖에서 돌아오면 새롭게 떠올린 생각들과 좋은 아이디어들, 틈틈이 보며 책에 밑줄 그은 문장들 그리고 찾아봐야할 책과 자료들을 고스란히 다 서재로 가지고 온다. 그리고 그곳에서 내용별로 정리하고 생각을 확장시킨다. 이렇게 생각하는 시간과 노력들이 고스란히 내 안에 차곡차곡 쌓인다.

집안에 갖추어야 할 것이 LCD TV만은 아니다. 서재는 그 주인의 생각의 깊이를 드러내는 공간이다. LCD TV와 DVD영화 타이틀 몇 개를 가지고 있는 주인보다 다양한 깊이를 가진 책들, 전문 분야에 대한 지식을 담고 있는 책들이 가득 담겨 있을수록 그 사람의 깊이가 달라 보인다.

## 》 CEO에게 서재는 미래전략실

왜 성공한 CEO들은 늘 자신만의 서재를 갖고 있는 걸까? 그들을 지금의 자리에 있게 한 성장의 깊이만큼, 독서의 시간들이 책들과 함께 그 안에 쌓여 있을 것이다. 늘 배우고 깨우치고 실패하고 다시 도전해왔던 기억들, 다른 사람들은 어떻게 하고 있는지 열린 마음으로 다가서려는 호기심이 그 책 속에 담겨있다. 그래서 소중하게 생각한다. 친구처럼, 그리고 스승처럼. 한 번 읽고 버리는 것이 아니라 늘 가까이 해야 할 친구처럼 소중히 한다. 뉴욕타임즈는 '최고경경영자의 서재가 성공의 열쇠를 보여준다'는 기사에서, 많은 CEO들이 개인 독서실을 갖고 있고, 이곳에서 사업 아이템과 기업의 방향 등을 모색한다고 전했다. 필 나이트 나이키 회장은 은행 계좌나 성적인 공간보다 서재가 개인적으로 더 중요한 공간이라고 말 할 정도다.

나만의 방, 나만의 공간, 서재는 나를 위한 작은 우주다. 나만의 창조공간이자 나만이 숨 쉬는 공간, 도시생활 속에서 누구에게도 방해받지 않는 나만의 공간이다. 가족으로부터도 연인으로부터도 방해받지 않는 곳이다. 여기서 나는 나 자신을 살피고 성장하고 발전한다. 누구도 방해할 수 없으며 책만이 존재한다. 책은 나에게 질문을 던지고 나 또한 책에게 질문을 던진다. 이곳만은 나의 우주고 나의 작업실이고 나의 공부방이다. 여기서는 아버지로서 어머니로서 혹은 가장으로서 바쁘게 살아가는 모습 대신 이름 그대로 나 자신이 되어 성장하고 발전하는 공간이라고 생각하자. 그리고 투자한다. 욕심을 내어 책을 읽고 공부해보자.

  세상에 나만의 것이 없다. 집안에 나만의 시간이 없고 나만의 장소가 없다. 그런 면에서 서재는, 서가는 온전히 나의 것이다.

## 10장

인문학으로
생각하다

경제경영, 자기계발서가 현실 문제에 대한 직접적인 해법을 담고 있는 책이라면 인문교양서는 직접적인 답을 제공하지는 못하지만 본질에 접근할 수 있도록 우리를 안내한다. 지금 당장 읽기에는 상대적으로 지루하고 재미가 없어 보이며, 이게 무슨 도움이 될까 싶기도 하지만 결국 쌓이고 쌓이면 한 사람의 내공이 되는 학문이기도 하다. 상대적으로 깊이 있는 생각과 오랜 시간이 필요한 책 읽기 분야다.

애플의 CEO 스티브 잡스는 아이패드를 출시하던 날 애플의 정체성에 대해 이렇게 설명했다. "인문학과 기술의 교차로입니다, 애플은 언제나 이 둘이 만나는 곳에 존재해 왔지요." 인문학과는 전혀 관계가 없을 것 같은 IT 기업에게도 그 성공의 밑바탕에는 인문학이라는 보이지는 않지만 든든한 버팀목이 되어주는 학문이 존재함을 강조한 말이다.

한때 인문학은 죽었다는 말이 있었다. 아무도 인문학을 찾지 않았고 실용학문만이 중요시되었다. 하지만 시대가 흐르면서 결국 사람들은 인문학의 중요성을 다시금 인식하게 되었다. 인문학이 중요한 것은 사람에게 생각하는 틀을 제공해주기 때문이다. 남들과 다른 창의적인 생각을 하기 위해서는 남이 만들어 놓은 틀에서 벗어나야 한다. 나 스스로 생각하기 위해서는 틀이 있어야 하고 철학이 있어야 한다.

신세계 구학서 회장도 최근 신문과의 인터뷰에서 생각의 과정에서 인문학의 중요성을 강조한 바 있다. "의사 결정 과정에서 경제적이고 효율적인 점만 따져서는 안 돼요. 회사의 단기적 이익보다 주주와 사회, 종업원에 가치를 더 둬야 합니다. 고민할 때 답은 인문학에 있더군요."

자신의 독서가 경제경영, 자기계발서에만 너무 치우쳐 있다면 보완해줄 필요가 있다. 현실에 대한 해법만큼이나 그 밑바탕에 흐르는 본질에 대해서도 깊이 있는 생각이 필요한 때이다. 경제경영서, 자기계발서를 읽다가 그 분야와 관련된 인문학 도서들로 깊이를 채워주는 독서가 필요하다. 예를 들어 창조성, 기획력에 대해서 고민이 많은 사람이라면 기획서 쓰는법과 같은 실용서도 좋지만 《생각의 탄생》과 같은 책도 주목할 필요가 있다. 삼성 그룹 이건희 회장이 추천해서 유명세를 타기도 한 이 책은 레오나르도 다빈치, 아인슈타인, 파블로 피카소 등 우리가 천재라고 생각하는 사람들의 창조 비법을 소개한다. 관찰, 형상화, 추상화, 패턴인식 등 책에서 소개하는 13가지 생각 도구들은 인문, 예술 분야만이 아니라 창의성이 요구되는 기업 현장, 개인의 능력 계발에도 동일하게 적용될 수 있어 유용하다.

인문교양서를 본격적으로 읽고 싶은데 어디서부터 시작해야 할지 막연하다면? 언제나 기초가 중요한 법, 인문교양 각 주제별로 대표 기본서들을 찾아 읽는 것으로 시작해보자.

| | |
|---|---|
| 동양고전 – 《강의》 | 한국사회 – 《호모 코레아니쿠스》 |
| 미학 – 《미학 오디세이》 | 미술 – 《서양미술사》 |
| 무의식 – 《히든 브레인》 | 종교학 – 《만들어진 신》 |
| 신화 – 《이윤기의 그리스 로마신화》 | 철학 – 《철학 콘서트》 |
| 역사 – 《로마인 이야기》, 《살아있는 한국사 교과서》 | 사회학 – 《정의란 무엇인가》 |
| 창의성 – 《생각의 탄생》 | 심리학 – 《유쾌한 심리학》 |
| 삶 – 《행복의 조건》 | 인문학 강의 – 《지식e》 |

*인문교양 주제별 기본서

이런 기본서들을 읽은 후 깊이 있는 주제들로 확장시켜서 나간다. 이왕이면 보다 살아 있는 독서가 가능하도록 현재 화두가 되고 있는 주제들에 대해서 읽어나가면 더욱 좋겠다.

**11장**

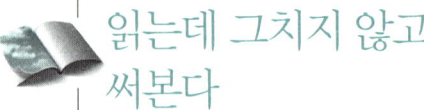
읽는데 그치지 않고
써본다

　　　　　　베스트셀러《생산적 책읽기》의 저자 안상헌은 평범한 직장인이다. 국민연금공단 인력개발(HRD) 전문강사로 활동하고 있는 그는 직장 생활의 경험을 바탕으로 변화에 대한 주제의 책을 쓰고 있다. 최근《경영학보다는 소설에서 배워라》라는 책을 출간한 그는 "우리 주변에는 책을 읽다가 자연스럽게 책을 쓰고 싶어진 사람들이 의외로 많다. 그런 사람들 중 하나가 바로 나이다"라며 자신의 글쓰기를 표현했다.

　책을 읽다 보면 어느 순간 글을 쓰고 싶을 때가 있다. 자신이 알고 있는 내용을 다른 사람에게도 표현하고 싶어지는 단계이다. 이럴 때 주저하지 말고 글쓰기를 시작해 보는 것은 어떨까. 읽는 것만큼이나 글로 써보는 것도 좋은 독서 방법 중의 하나다.

　글 쓰는 것을 전문가의 영역으로만 생각하는 사람이 있지만 누구나 자신의 직업과 취미와 관련해서 알고 있는 내용들을 표현할 수 있다. 아이폰 관련 서적 중 판매량 상위에 속하는《아이폰 실용 탐구생활》은 자칭 아이폰 중독자라고 말하는 저자가 아이폰 활용의 모든 것을 담고자 한 책이다. 그는 중국 상하이 주재원으로 근무하는 사람으로 아이폰 쓰기라는 취미를 잘 살려 책으로 완성한 경우다. 굳이 책이 아니더라도 인터넷 블로그를 보면 책으로 옮겨도 손색이 없을 만큼 전문적인 지식을 담고 있는 글들이 많아 놀랄 때가 있다. 모두 자신이 잘 알고 있는 분야에 대한 해박한 지식을 바탕으로 아마추어이면서도 전문가다운 깊이를 보여준다.

무엇인가 글로 써봐야겠다고 마음먹으면 그때부터는 책 읽는 자세가 달라진다. 남이 시켜서 하는 독서가 아니라 내가 필요로 해서 하는 독서이니 수동적인 자세가 능동적인 자세로 바뀔 수밖에 없다. 그냥 교과서를 볼 때와 시험을 앞두고 교과서를 볼 때 마음가짐이 다른 것과 같다. 눈으로만 읽는데 그치지 않고 머릿속으로 자신이 알고 있는 내용과 비교해 보고 어떻게 글로 표현할 수 있을지 생각하면서 읽기 때문에 보다 깊이 있는 독서가 가능해진다.

기존에 알고 있는 내용, 지금 읽고 있는 책으로 글쓰기가 부족하다면 더 읽어야 한다. 인터넷에서 관련 내용을 검색하고 서점에 가서 관련된 책을 더 찾아 읽는다. 손에 잡히는 대로 읽는 독서가 아닌 구체적인 필요에 의해서 하는 독서다.

머릿속으로는 많이 아는 것 같지만 글로 표현해 보는 것은 다르다. 말은 생각나는 대로 내뱉어도 되지만 글은 논리적이어야 하고 설득력이 있어야 한다. 글로 써보는 과정에서 자신의 지식을 보다 정교하게 다듬을 수 있다.

자신의 글쓰기 능력이 부족하다고 느낀다면 글쓰기 도서들의 도움을 받을 수 있다. 특히 직장인처럼 글 쓰는 것을 전문으로 하지 않았다면 기본적인 글의 표현에 관한 내용을 배울 수 있다. 글쓰기를 소설가처럼 할 필요는 없다. 미려한 문장과 표현력이 필요한 건 아니다. 읽는 사람의 공감대를 형성할 수 있는 소재와 자신만의 깊이 있는 지식을 담은 글이면 충분하다.

직장인이 책을 쓴다는 것은 책을 팔아 돈을 버는 것 이상의 의미가 있다. 자신이 그 분야에 대한 책을 쓸 만큼 해박한 지식을 가지고 있다는 것을 사람들에게 알릴 수 있는 가장 효과적인 방법이다. 부담 없이 시작해 보자. 주제를 정한다. 어느 주제든 상관없다. 직장 생활과 관련된 내용일 수도 있고 평소에 관심 있었던 주제도 좋다. 주제를 정하고 자기가 알고 있는 내용을 아는 한도 내에서 풀어낸다. 분명 부족한 부분이 보일 것이고 머릿속으로 알고는 있었지만 글로 잘 써지지 않는 내용도 있을 것이다. 관련된 분야의 책을 찾아 읽는다. 글을 보충하고 올려 사람들과 공유하면서 글의 완성도를 높여 나간다.

## 12장
# 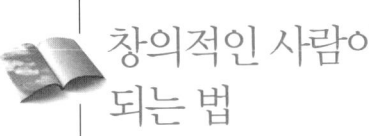창의적인 사람이 되는 법

누구나 관심 있어 하고 그렇게 갖고 싶지만 정작 답이 없는 주제인 창의력. 어떻게 하면 창의력을 기를 수 있을까? 독서에서 그 실마리를 찾는다.

1) 창의적인 생각은 시간을 정해놓고 노력한다고 해서 술술 나오는 건 아니다. 오히려 관련된 일을 하지 않고 다른 일을 하는 동안에 '뺑' 하고 생각이 터지는 경험을 해본 적이 있을 것이다. 그러기 위해서는 재료들을 평소에 쌓아 두어야 한다. 뒤죽박죽되고 서로 엉켜있다가 어느 순간 '유레카'라고 외칠 순간을 기다려야 한다. 그와 관련된 꺼리들, 즉 재료들을 많이 읽어놔야 한다. 지식은 안에서 융합되어 어느 순간 아이디어라는 빛나는 해법으로 등장할 것이다.

2) 하늘아래 새로운 것은 없다. 선례를 찾아본다. 그 속에서 아이디어를 얻는다. 성공 스토리를 읽는다. 분명 성공한 사람들의 이야기 속에는 해법이 있을 것이다. 뜬구름 잡는 식으로 매뉴얼만 제시하는 책이 아니라 실제로 그 일을 해낸 사람들의 이야기 속에서 실마리를 찾을 수 있다. 아무도 해결할 수 없을 것만 같았던 어려운 상황과 위기상황을 극복해낸 독창적인 방법 혹은 적용 가능한 방법들이 성공 스토리에 담겨 있다.

3) 생각하라. 지식만 쌓는다고 결과물이 바로 나오는 건 아니다. 생각을 더 해야 한다. 이리저리 부딪쳐 보고 만들어보고 만져보고 던져보고 한다. 혼자 방에 들어가 읽어라. 아무에게도 방해받지 않고 자신만의 생각을 전개하는 시간을 가져라. 미국 물리화학자 라이너스 폴링은 이렇게 말했다. "좋은 생각을 떠올릴 수 있는 최상의 방법은 많은 생각을 하는 것이다."

4) 몸을 움직여라. 그냥 있는 것보다 손을 움직이고 글을 써보는 것이 도움이 된다. 독서는 머리를 움직이는 가장 좋은 방법이다. 책을 읽으면서 뭔가를 얻기 위해 머릿속으로는 바쁘게 움직여라. 한가지 생각만 골똘히 하다 보면 어느 순간 벽에 부딪치게 되는데 독서는 그 긴장을 풀어주고 다시 새로운 생각이 떠오를 수 있는 여지를 만들어준다.

5) 메모하고 표현하고 글을 써라. 생각이 날듯 말듯 애매한 경우들이 있다. 뭔가 잡은 것 같지만 정답은 아닐 때, 이런 때는 바로 아이디어들을 메모해 기록해야 한다. 메모와 관련된 다양한 책들이 있다. 글로 쓰는 메모로 부족하다면? 그림으로 표현하는 방법을 배운다. 마인드맵은 생각의 방향을 늘어놓는 방법이다. 만화가처럼은 아니더라도 간단한 도형과 상황 묘사로 생각을 그림으로 표현하는 그리는 법에 관련된 실용서들도 많이 출간되어 있다.

6) 창의적인 해법에 정답은 없다. 하지만 해법은 있다. 그냥 글을 쓰는 사람보다 특별한 패턴을 알고 글을 쓰는 사람이 더 창의적인 글을 쓸 수 있다고 한다. 《머리 좀 굴려보시죠》, 《생각의 탄생》들은 창의적인 해법을 찾는데 도움을 주는 책들이다.

7) 쓰고 다듬고 쓰고 다듬어라. 지금은 인기 정상에 오른 〈무한도전〉 TV 프로그램도 처음에는 무모한 도전이라는 이름으로 시작했다. 유재석을 비롯한 출연진들이 쫄쫄이를 입고 독산역에 모여 기차보다 더 빨리 달리는 것을 시합했던 것이 시작이었다. 처음에는 인기가 거의 없었고 외면 받았으나 포맷을 바꾸고 캐릭터를 계속 다듬어보면서 지금의 인기 있는 프로그램으로 재탄생할 수 있었다.

8) 창의공간을 만들어라. 서가는 자신이 언제든지 자료를 찾을 수 있는 공간이어야 한다. 유명한 독서가인 다치바나 다

카시는 자신만의 든든한 서가인 고양이빌딩을 운영하고 있다. 그만큼은 아니더라도 관심 있어 하는 주제와 그와 관련된 책들을 쌓아놓으면 도움이 된다. 인터넷에서 찾은 정보가 아닌 책에서 정리된 지식을 바탕으로 언제든지 내 주장과 관련된 근거를 찾고 아이디어를 얻을 수 있다.

## 13장

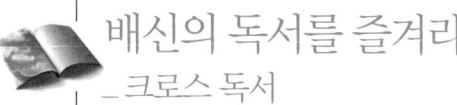
배신의 독서를 즐겨라
_크로스 독서

　　　　　문학용어 중에 '낯설게 하기'라는 것이 있다. 너무나 익숙하고 흔한 것을 참신하게 바꿔 독자의 관심을 끄는 표현방법이다. 이 방법은 문학뿐 아니라 영화, 드라마, 미술, 음악 할 것 없이 두루 쓰인다. 르네 마그리트의 작품들이 낯설게 하기의 대표적인 예이다. 사과와 중절모 같은 특별할 것 없는 사물이 그의 그림 속에서는 독특한 기분을 자아낸다.

　이 '낯설게 하기'는 사람 세계에서도 통한다. 사람의 인생을 책에 비유해보자. 그러면 직장에서나 사석에서나 나를 둘러싼 모두는 나의 독자가 된다. 나라는 책이 익숙하고 흔하게 느껴지면 그들도 시큰둥하게 반응한다. 처음 몇 번 보다가 별 볼일 없으면 책장을 덮듯 연락도 하지 않는다. 이 때 '낯설게 하기' 방법을 써 보자. 타인이 생각하는 내 모습대로 행동하지 않기 위해

애써보라. 내가 낯설게 느껴지면 그들도 다시 호기심 어린 눈으로 쳐다볼 것이다.

독서도 마찬가지다. 당신이 늘 읽어왔던 책들을 한번 살펴보라. 보통은 자신이 좋아하는 부류의 책이 정해져 있다. 만화책만 보는 사람도 있고 글보다 사진이 많은 여행서나 잡지를 좋아하는 사람도 있다. 인문서만 보고 자기계발서는 절대로 안보는 사람도 있을 것이다. 이런 사람일수록 서점에 가서 과감히 '낯선' 책들을 집어보라. 한 가지 종류의 책만 고집하는 사람은 세상을 균형 있게 보는 눈을 갖기 힘들다. 생각도 뻔해지기 쉽다. '낯선' 책을 읽는 건 고리타분해지는 자신을 방어하는 가장 좋은 수단이다.

스티브 잡스는 학창 시절 자신의 지금 진로와는 전혀 상관 없을 것 같았던 글자체와 관련된 공부를 했다고 한다. 쓸모없을 줄 알았지만 나중에 돌이켜 보니 그런 공부들이 맥킨토시에 활용이 되었고 이후 제품 디자인에 영향을 주었다고 이야기한다. 꼭 기업과 관련된 공부, 회사와 관련된 공부만이 쓸모 있는 건 아니다.

언젠가는 써먹는다라는 말이 맞다. 특히나 새로운 생각과 아이디어를 필요로 할 때 그 원천들은 사실 하나의 테두리가 아니라 테두리 밖, 경계 밖에서 오는 경우들이 많다. 안에 있는 사람들은 새로운 생각을 떠올리기 힘들기 때문이다. 눈을 닫고 자신의 세계에만 빠지면 문제에 직면했을 때 답을 구하기가 힘들어진다. 눈을 열고 주위로 시선을 돌려보면 이미 답이 준비되어 있는 경우가 많다. 책을 다양하게 읽어야 하는 이유이다.

## 》 익숙한 책으로부터의 결별

낯선 책을 고르는 기준은 따로 없다. 하지만 절대 나라면 돈 주고 사보지 않았을 책들을 골라서 사보는 것도 한 방법이다. 책을 좋아하는 사람들도 보고 싶은 책을 다 사보지는 않는다. 꼭 사서 봐야 할 책, 누가 선물해주면 좋을 책, 빌려서 보고 싶은 책이 따로 있다. 그런데 이 세 가지 기준에도 들어가지 않는 책이야말로 정말로 나에게는 '낯선' 책이다. 전 같으면 절대 사서보지 않을 뿐 아니라 누가 줘도 안 읽던 책이니 돈이 아까운 책이기도 하다. 그래서 용기가 필요하다. 구본형 저자의 책처럼 '익숙한 나로부터의 결별'을 위해서는 그 정도의 용기는 발휘해야 한다.

큰 서점에 가면 으레 소설·인문·경영 뿐 아니라 아동까지 모든 코너를 다 돌아본다. 오히려 낯선 나를 만나보고 싶다는 생각에 경제경영 코너는 건너뛰기 일쑤다. 주로 서성거리는 곳이 아동 코너와 건강·실용 코너다. 눈 딱 감고 직관에 몸을 맡기면 종종 기막힌 책이 걸린다.《대한민국 화장품의 비밀》이 그런 책이었다. 실용성만 따지면 화장하지 않는 남자에게 큰 의미가 없을 책이다. 그런데 읽어보면 읽는 재미가 쏠쏠하고 상식도 풍부해진다. 특히 사물에 대한 비판의 힘을 키우는 데는 그만이다.

앞에서도 말했듯 사람은 책과 같다. 사람들은 타인에게 좋은 것만을 기대하지 않는다. '이 책은 제목과 차례를 보니 대충 알겠어', '머리말만 봐도 대충 짐작이 가'와 같은 속단을 사람들에게도 똑같이 저지른다. 외모와 학력만을 보고 예단하는 경우가 그런 경우다.

주변에서 자신에 대해 나쁜 기대를 하고 있다면 배신하려고 노력해보자. 늘 새롭고 어디서도 듣지 못한 이야기로 독자들을 깜짝 놀라게 하는 저자들처럼 '낯선' 모습이 되어 나타나보자. 나를 낯설게 해주는 독서법, 뻔히 보이는 사람이 되지 않도록 천천히 배신의 독서를 즐겨보라.

## 14장
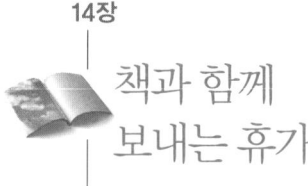
# 책과 함께 보내는 휴가

　　　　　　매년 여름이면 신문지면에서는 휴가를 떠나는 CEO들의 추천 도서가 기사화된다. 대표적인 것이 삼성경제연구소 SERI CEO 추천도서와 LG그룹 CEO 추천도서다. 삼성경제연구소는 "CEO에게 있어 휴가는 신체적 휴식을 취하면서도 현실문제에 대한 창의적 해법을 모색하기 위한 실용적 창조적 독서를 할 절호의 기회"라는 점에서, LG그룹 CEO들은 "책에서 얻은 아이디어와 시사점을 임직원들과 공유하고, 임직원들이 휴가 기간 동안 자기충전을 할 수 있도록 하자는 취지"라며 도서 추천의 이유를 밝혔다.

　CEO들에게 있어 휴가란 단지 놀고먹는 시간만은 아니다. 기업 현황과 관련된 난제에 대한 답을 찾는 시간이다. 긴 시간을 내기 어려운 회사 생활에서 벗어나 깊이 있는 생각에 빠져볼 수 있는 소중한 기간이기도 하다.

돌아오는 휴가 기간, 신나게 먹고 마시고 노는 것도 좋지만 하루 이틀 정도는 시간을 내어 한 권의 책과 함께 시간을 보내보는 건 어떨까. 기존의 휴가에서는 느끼지 못했던 색다른 재미와 진정한 휴식을 맛 볼 수 있을 것이다. 사람들로 넘쳐나는 산과 바다, 도로는 막히고 정신없이 보내다 보면 쉬러 갔는데 오히려 더 피곤해지는 일이 생긴다. 휴가 갔다 와서 회사 적응하는데도 시간이 많이 걸린다.

대신 책을 읽으면 몸과 마음이 쉴 수 있는 시간적 여유가 생긴다. 책은 읽는 사람의 마음을 편안하게 해준다. 읽는 동안만큼은 긴장이 풀리고 복잡하게 머릿속을 괴롭혔던 생각들로부터 벗어날 수 있다. 머리가 비워지니 지금까지는 하지 못했던 새로운 생각들이 자연스럽게 떠오른다. 진정한 재충전이다.

읽고 싶어서 사두었지만 시간이 없어서 보지 못했던 책을 꺼내자. 조용히 집에 앉아 혹은 카페에 앉아 책을 읽는다. 시간적 여유가 있고 방해하는 사람이 없으니 보다 책에만 집중할 수 있다. 하루 종일 책만 읽을 수 있기 때문에 평소보다 많은 양을 읽을 수 있다.

읽을 때는 문학책도 좋겠지만 휴가 독서가 보다 의미 있는 시간이 될 수 있도록 경제경영서, 인문교양서처럼 자신에게 가르침을 줄 수 있는 책을 읽어보자. 쉽게 읽히기 보다는 자주 멈춰서 생각을 해보게 하는 책, 기존에 했던 생각과 다른 관점의 이야기를 던져주는 책들이 좋다.

평소 관심 있었던 주제에 대해서 읽는 것도 방법이다. 조직관리, 인간관계, 기획력 및 프레젠테이션 등 업무를 진행하면서 필요하다고 느꼈던 주제나 회사 생활과 관련된 주제 등도 좋은 독서 주제가 된다. 바쁜 직장 생활 때문에 여유를 내어 생각해 보는 것이 사치였던 주제들을 끄집어내어 아무런 방해도 받지 않고 오래 깊게 생각해 보는 시간을 가져보자.

어떤 책을 읽어야 할지 마땅한 책을 찾기 어렵다면 추천 목록을 이용하는 것도 방법이다. 베스트셀러에서 찾아도 좋지만 가장 좋은 목록은 삼성경제연구소 'SERI CEO 여름휴가 추천도서'다. 2004년부터 매년 발표되고 있는 이 목록에는 CEO들이 읽고 직장인들에게 권하는 좋은 책들이 많이 소개되어 있다. 해를 거듭할수록 인기가 더해져 이제는 명실공히 여름휴가철 필독서로 자리 잡았다고 말할 수 있다. 매년 선정되는 도서의 판매량이 발표 이후 급증할 만큼 출판계에서는 이미 유명하다.

이를 비튼 도서목록도 있다. 알라딘에서는 2010년 여름 휴가철에 읽기 좋은 'Sorry CEO 추천도서'를 뽑았다. 자연, 인간, 사회 등 SERI의 책이 잘 선정하지 않는 책들로 외연을 넓힌 목록이다. 1만 페이지 독서법으로 두 도서목록을 번갈아 읽어보는 것도 좋은 독서 방법이 될 듯하다.

MD와 책 읽기 __ 【 반값 할인의 비밀 】

　서점에 가면 50% 할인 판매 하는 책들을 심심치 않게 찾아 볼 수 있다. 몇 년 전만 해도 책을 50% 할인 판매 한다는 것은 생각도 할 수 없는 일이었다. 출판사 입장에서는 자기 책을 그렇게 싸게 판다는 것을 자존심 상하는 일로 생각하기도 했다. 하지만 지금은 분위기가 많이 바뀌었다. 오히려 출판사에서 50% 할인 판매를 제안하는 곳도 많아지고 있다. 주변에서 할인 판매로 재미를 본 출판사들이 늘어나는 것도 분위기를 바꾼 이유이기도 하다.

　책 가격이 내려가는 것은 소비자 입장에서는 좋은 일이다. 그동안 보고 싶었던 책을 50% 할인된 싼 가격에 구입할 수 있으니 나쁜 일은 아니다. 하지만 이런 방식의 판매가 장기적으로도 소비자에게 좋은 일인지를 생각해 본다면 그건 또 아닐 듯싶다.

　50% 할인 판매가 폭발적으로 늘어난 시기는 자연스럽게 최근 몇 년 사이 도서 시장 침체와 맞물려 있다. 매출 감소로 고통 받는 출판사들이 늘어나고 그 해결책으로 생각한 것이 바로 50% 할인 판매다. 우리가 이름만 들어도 알 수 있는 몇몇 대형 출판사들을 제외하고는 책을 내는 대다수의 출판사들은 소규모에 살림도 그리 넉넉하지 않다. 신간을 내서 어느 정도 수준으로 팔려야만 출판사가 유지되는데 최근 시장 침체로 책 판매가 많이 줄어들자 월급을 주기 힘

든 출판사마저 생겨나기 시작했다. 신간이 안 팔리니 출간 권 수를 크게 줄이거나 아니면 임시휴업을 하는 출판사도 많아졌다.

50% 할인은 그런 상황에서 나온 절박한 생존 방법 중의 하나다. 50% 할인 판매를 하기 위해서는 판매처, 즉 인터넷 서점과 같은 곳에 경우에 따라 다르지만 30~40%선에 공급을 해야 한다. 즉 1만 원 정가 책을 5천 원에 팔기 위해서는 3천 원이나 4천 원에 공급을 해야 한다는 계산이 나온다. 문제는 50% 할인판매를 해도 제작 원가는 그대로이기 때문에 실제로 출판사가 손에 쥐는 마진은 거의 없다는 결론이 나온다. 그럼에도 이렇게 헐값에 책을 판매하는 이유는 쉽게 말해 그렇게라도 해야 먹고 살기 때문이다.

문제는 좋은 책을 만들기 위해서는 오랜 시간을 두고 저자를 섭외하고 기획을 하고 원고에 투자해야하는데 이게 어려워진다는데 있다. 시간적, 정신적, 물질적 여유가 없다 보니 당장 생존하는데 급급해지고 나중에 팔아야할 좋은 책에 투자하는 일들이 점점 줄어들게 된다. 출판사는 당장 팔릴만한 책에 더 집중하게 되고 결국은 독자 입장에서도 좋은 책, 다양한 책, 재미있는 기획의 책을 만날 수 없는 환경이 된다. 당장 오늘 책을 사는 게 좋은 일일 수도 있지만 장기적으로 본다면 그렇게 싸게 볼만한 책들이 없어지게 되는, 독자 입장에서도 좋은 일은 아니라는 결론이 나온다.

할인이 높은 것은 또 하나의 문제점을 낳게 된다. 바로 책 가격의 인상이다. 할인율은 점점 커지니 결국 출판사가 할 수 있는 건 책 가격을 올려서라도 원가를 맞추게 된다. 그러면 결국 소비자 입장에서 보면 할인은 받아서 좋지만 책 가격은 높아지니 이게 정말 이득이 되는 일인지 모르는 상황이 펼쳐지게 된다.

엘렌 러펠 셸이 쓴 《완벽한 가격》이라는 책이 있다. 많은 사람들이 물건을 싸게만 구입하는데 집중하고 있는데 이것이 장기적으로는 우리에게 도움이 되지 않는다는 것을 설명한 책이다. 예를 들어 대형할인점이 물건을 싸게 팔기 위해서는 제조사가 물건 가격을 낮추는 수밖에 없는데 조금만 더 생각해 보면 이건 이득이 아니다. 제조사는 싸게 공급하기 위해 물건의 질을 떨어트리거나 직원들의 월급을 줄일 수밖에 없다. 그 월급은 우리의 월급일 수도 있다.

50% 할인으로 책을 싸게 보는 것도 좋지만 장기적으로는 적절한 할인율과 적절한 가격으로 출판사, 독자 모두 이익을 보는 상황이 펼쳐질 필요가 있다. 그러기 위해서 가장 쉽고도 좋은 방법은 적절한 가격에 책을 많이 사보는 일이다. 책이 많이 팔리면 출판사는 여유가 생길 것이고 그 여유는 결국 우리에게 좋은 기획과 책으로 되돌아오기 때문이다.

Part 5

# 하루라도 먼저 읽어야 할 책들 :
## 무엇을 읽을 것인가?

♦ ♦ ♦

칸막이 안 세상에서 귀를 닫은 채 웅크리고 있기 보다는 눈을 크게 뜨고 좌우를 살필 필요가 있다. 틀에서 벗어나보자. 쳇바퀴 돌듯 같은 주제보다는 전혀 색다른 주제에 대해서도 관심을 가져보자. 내 안에 웅크려서 나와 관련된 것만 보지 말고 눈을 들고 어깨를 펴고 저 멀리 사회가 변하는 것, 사람들이 변하고 있는 것을 주목한다.

1장

분야 전문가가
된다

자신의 명함을 꺼내보자. 회사명, 파트, 직급 그리고 이름이 적혀 있다. 여기서 회사를 없앤다면 어떨까. 그럴 때도 명함 속 내 이름이 지금처럼 의미를 가질 수 있을까. 많은 사람들이 회사에 소속되어 특정한 파트의 업무만을 한다. 회사라는 뒷배에서 일을 하다 보니 발전하기 위해서 크게 노력하지 않는다. 필요를 잘 느끼지 못하기 때문이다. 명함 속 자신의 이름 앞에 'ㅇ회사 홍길동'이라는 말보다는 'ㅇ전문가 홍길동'이라는 타이틀을 적어보자. 어떤가? 다르게 느껴진다. 회사에 소속된 하나의 나에서 이제는 전문가라는 타이틀을 건 내 자신의 모습이 보인다. 이렇게 사는 것이 필요하다. 회사라는 간판이 없더라도 나만이 할 수 있는 능력, 전문성, 경력을 쌓기 위해 노력할 필요가 있다. 이 타이틀을 유지하기 위해서는 어떤 노력이 필요할까 생각해 보고 그에 맞게 책을 읽어 나간다. 주제를 정해 책을 읽고 전문가가 되기 위해 공부한다.

평온한 직장 생활을 하고 싶은 사람은 언젠가 위험에 처할 수밖에 없다. 지금은 공무원이나 예전 평생직장처럼, 가만히 앉아만 있어도 나이가 들면 위로 승진하는 시대가 아니다. 나이와 경력보다는 그 사람이 지금 현재 어떤 일을 할 수 있는가, 성과는 얼마나 내고 있는가가 승진의 중요한 기준이 된다.

한참 유행했던 '1인 기업'이라는 단어는 지금도 유효한 메시지를 전달한다. 굳이 창업을 해야만 1인 기업이 될 수 있는 건 아니다. 회사에서 필요한 인재는 그저 그런 성실한 인재가 아니라 특정한 일을 맡겼을 때 꼭 해낼 수 있는 전문가다.

회사 생활을 하면서도 자신이 좋아하는 주제를 찾아 책을 읽고 공부를 해보자. 그것이 회사 업무와 관련이 있든 없든 자신을 위해서 그리고 10년 후의 자신의 목표를 위해서 좋은 법이다. 회사 동료 중에서는 늘 똑같은 일만 하는 사람이 있는가 하면 새로운 것이 있을 때마다 만져보고 써보고 배우고 참여하는데 적극적인 사람이 있다. 누가 더 성공할 확률이 높겠는가? 자신의 자리에 그냥 있는 사람은 아닐 것이다.

❶ **일을 했으면 성과를 내라** | 류랑도 저 | 쌤앤파커스 | 336p

: 야근한다고 성과가 나는 건 아니다. 제대로 일하는 방법을 알아야 고생 안한다. 성과경영 전문가가 말하는 정말 일 잘하는 사람의 비밀.

❷ **결정적 순간, 나를 살리는 한마디 말** | 마티아스 뇔케 저/장혜경 역 | 갈매나무 | 272p

: 늘 하고 있지만 잘못하기도 쉽고 잘하기도 어려운 말하는 법에 관한 책. 매뉴얼이 아닌 실질적인 팁을 수록했다.

❸ **스티브 잡스의 프레젠테이션** | 김경태 저 | 멘토르 | 279p

: 관중을 사로잡은 그의 놀라운 프레젠테이션 비밀. 잡스 발표 원문을 함께 수록해 비교하며 살펴볼 수 있다.

❹ **회계학 콘서트** | 하야시 아츠무 저/박종민 역 | 한국경제신문 | 235p

: 필요는 알지만 공부하기는 어려운 회계에 대한 쉬운 설명. 전문적인 내용을 알고자 하는 독자에게는 부족하겠지만 입문자에게는 유용하다.

❺ **10인 이하 조직을 이끄는 법** | 호리노우치 가쓰히코 저/박소연 역 | 지형 | 184p

: 초보 팀장이 저지르기 쉬운 실수에 관한 지적이 예리하다. 군더더기 없는 내용이라 빠르게 읽고 바로 적용할 수 있다.

❻ **경영이란 무엇인가** | 조안 마그레타 저/권영설,김홍열 공역 | 김영사 | 331p

: 아직 이보다 좋은 경영 입문서를 읽지 못했다. 기업 경영, 마케팅, 회계 등 경영 전반에 관해 배울 수 있다. 비경영학 전공자를 위한 최고의 선택이 될 것이다.

❼ **포지셔닝** | 잭 트라우트,앨 리스 공저/안진환 역 | 을유문화사 | 267p

: 마케팅을 공부하고 싶을 때 제일 먼저 읽어야 할 책. 출간된지 20년이 넘었지만 '포지셔닝'이라는 단어는 여전히 중요하다.

❽ **대통령 보고서** | 노무현대통령비서실 보고서 품질향상 연구팀 저 | 위즈덤하우스 | 285p

: 아무도 알려주지 않는 보고 잘하는 방법이 여기에 있다.

⑨ **김대리를 위한 글쓰기 멘토링** | 이강룡 저 | 뿌리와이파리 | 185p

: 글쓰는 법을 제대로 배우지 못한 대다수의 직장인들에게 유용하다. 이메일, 기획서 등 회사 생활에서 자주 쓰는 글쓰기의 기본을 배울 수 있다.

⑩ **구본형의 필살기** | 구본형 저 | 다산라이프 | 239p

: 직장인 출신 자기계발 전문가가 그동안의 내공을 담았다.

## 2장

사람을
만나라

　　　　　　책은 하나의 세계이고 하나의 사람이다. 책을 읽음으로써 우리는 한 사람을 온전히 만날 수 있는 기회를 얻는다. 우리가 감동을 받고 전율을 느끼고 변화를 느끼는 건 슬로건이나 주장이 아니다. 결국 한 사람이다. 사람만이 우리가 변하고 기댈 수 있다. 하나의 사람은 하나의 세계다. 수많은 어려움을 겪고 올라온 사람일수록 단단하다. 그 단단함이 묵직함이고 그 묵직함이 나에게 많은 것을 보고 느끼게 한다.

　IBM을 다니고 있던 마흔 세 살의 평범한 직장인이 있었다. 어느 날 그는 자신의 삶이 너무나 무미건조하다는 것을 느끼게 된다. 월급은 나오고 먹고 사는 데는 큰 지장은 없지만 무엇을 위해 살아야 하는지를 잊어버렸다는 느낌을 갖는다. 목적지를 잃어버린 배처럼 그는 넓은 바다 위에 둥둥 떠다니는 표류한 배와 같은 신세였다. 그런 느낌으로 계속 살 것인가 아니면 다른 길을 찾을 것인가. 고민하던 그는 후자의 길을 택한다. 대기업이라는 안정된 삶에서 떨어져 나와 자신만의 길을 찾고자 결심했다. 허허벌판에 선 그는 평소에 하고 싶었던 일이 무엇일까를 고민하기 시작한다. 그는 전부터 하고 싶었던 글쓰기를 시작했고 쓴 글을 엮어 책으로 펴냈다. 다행히 반응도 좋았고 베스트셀러에 오르는 기쁨도 맛보았다. 자신이 겪었고 고민했던 변화에 관한 이야기를 다른 사람들에게 이야기했고 지금은 유명 강사로도 활발히 활동하고 있다. '변화경영전문가' 구본형의 이야기다. 인생을 의미 있고 행복하게 사는 것에 대해 늘 고민하고 행동하는 그는, 새롭게 인생을 시작하고 준비하는 젊은이를 위해 쓴 《세월이 젊음에게》 책에서 이런 말을 했다.

> 정말 하고 싶은 일이 있다면 그 일을 해라. 정말 잘 할 수 있는 일이 찾아지면 망설이지 마라. 떨리는 가슴으로 그 일을 선택하고 전력을 다하라. 매일 그 일 때문에 웃고 울어라. 그 일을 하며 사는 것이 얼마나 축복받은 것인지 알게 될 것이다. 상상해 보라. 날마다 떨리는 가슴으로 일어나 해가 뜨면 그 붉은 흥분과 함께 하루가 시작된다. 차가운 물로 세수하고 나서 매일 그 일을 한다. 그 일은 보람이고 기쁨이다.
>
> —《세월이 젊음에게》 49p

멋진 말이다. 젊은이를 위해 쓴 책이지만 매너리즘에 빠진 나 같은 직장인에게도 많은 깨달음을 안겨준다. 평범하고 지루하고 그저 '때우는' 인생을 살기 보다는 늘 약간의 긴장감을 가진 채 좋아하는 일을 할 수 있는 행운과 행복을 누리기를 이 글처럼 희망해 본다.

❶ **CEO 안철수, 영혼이 있는 승부** | 안철수 저 | 김영사 | 292p
: 존경받는 기업가 안철수. 그가 말하는 정직과 원칙의 경영은 기업 뿐만 아니라 삶에도 필요한 덕목이다.

❷ **육일약국 갑시다** | 김성오 저 | 21세기북스 | 254p
: 6백만 원의 빚으로 4.5평 약국에서 시작해 시가총액 1조 원 기업체의 공동 CEO가 되기까지 김성오가 들려주는 열정과 꿈의 도전기. 읽는 사람의 가슴을 두근거리게 만든다.

❸ **모티베이터** | 조서환 저 | 책든사자 | 304p
: 이론가는 절대 쓸 수 없는 내용. 현장에서 잔뼈가 굵은 사람만이 들려줄 수 있는 현장 이야기가 책의 장점이다.

❹ **인문학으로 광고하다** | 박웅현,강창래 공저 | 알마 | 270p
: SK텔레콤, 대림e편한세상 등 광고를 만든 저자가 이야기하는 창의적인 생각의 원천. 평소에 쌓아 둔 인문학적 지식이 왜 중요한지를 느끼게 한다.

❺ **시골의사의 부자경제학** | 박경철 저 | 리더스북 | 406p
: 재테크 기술이 필요하다면 다른 책을 읽어라. 나무가 아닌 숲을 보게 해주는 책. 경제를 이해하는 큰 틀의 분석이 돋보인다.

❻ **10미터만 더 뛰어봐!** | 김영식 저 | 중앙북스 | 250p

: 20억이 넘는 빚으로 자살을 결심했으나 이를 이겨내고 단독 130만 원으로 재기에 성공한 천호식품 김영식 회장 스토리. 어려운 상황 속에서도 10미터 더 뛸 힘을 준다.

❼ **오케이아웃도어닷컴에 OK는 없다** | 장성덕 저 | 위즈덤하우스 | 300p

: 5평 오퍼상으로 시작해 매출 2,000배 신화를 이룩한 오케이아웃도어닷컴 성공 스토리.

❽ **김밥 파는 CEO** | 김승호 저 | 황금사자 | 256p

: 수많은 실패를 딛고 일어선 사람이 이야기하는 삶과 경영에 관한 지혜. 특유의 유머감각과 재치로 어렵지 않게 풀어낸다.

❾ **왜 일하는가** | 이나모리 가즈오 저/신정길 역 | 서돌 | 216p

: 일본에서 살아있는 경영의 신으로 불리는 이나모리 가즈오가 일의 본질에 관해 이야기 한다.

❿ **광고천재 이제석** | 이제석 저 | 학고재 | 216p

: 지방대 졸업생이라는 핸디캡을 극복하고 뉴욕으로 건너가 국제 광고제에서 29개의 메달을 휩쓴 광고천재로 거듭난 이제석. 그의 창조 비밀이 궁금하다면 읽어보자.

## 3장

삶에 창조성을
더하라

 창조성에 대해서 고민이 많다. 시대가 창의적인 인재를 요구한다고 하고 회사에서도 그런 인재에 대해서 관심이 많다. 창의성은 결국 답이 없는 문제일 수 있다. 그냥 열심히 하다 보면 창의성이 계발된다고 보는 게 더 맞을지도 모른다. 학원을 다니거나 특별한 기법이 있는 것도 아니다. 머릿속에 담겨있던 것들을 빵하고 터뜨리기! 그러기 위해서는 평소에 책을 많이 읽고 고민을 많이 해봐야 한다. 무에서 유를 창조할 수는 없다. 평소에 보고 듣고 느낀 것들이 생각하기라는 실천과 함께 잘 버무려지면 새로운 게 나올 수 있다.
 당신도 창의적인 사람이 될 수 있다. 여러분 속에는 창조적인 열정이, 아이디어가 꿈틀거리고 있다. 그걸 발현시키기 위해서는 조그마한 불꽃이 필요하다. 불꽃이 여러분의 열정에 닿는 순간 빵하고 터진다. 되풀이 되는 가정일, 익숙해 질대로 익숙해진 회사 생활에 너무 빠져들지 말자.

무언가를 손으로 계속 써보거나 산책을 하는 것만으로도 뇌를 활성화하는데 도움이 된다는 연구 결과가 있다. 즉 가만히 앉아서 무언가를 해본다. 가만히 앉아 머릿속으로 떠올리는 것보다는 직접 몸을 움직여 보는 것이 도움이 된다.

창의적인 일을 하는 사람, 그런 필요를 느끼는 사람은 다양한 지식과 관점, 주제에 관한 책들을 보다 다양하게 닥치는 대로 읽는 게 필요하다. 무엇이든 바닥이 나면 더 나올 것이 없는 법, 뭔가를 채워 넣어야만 그것이 자신을 거쳐서 새로운 것으로 나올 수가 있다. 계속 꺼내 쓰기만 한다면 한계에 도달한다.

우리가 접했던 SK텔레콤, e편한세상 진심이 짓는다, KTF적인 생각 등의 광고를 만들어낸 광고장이 박웅현. 뛰어난 창의력을 보여주는 그는 자신의 창의력이 인문학적인 지식에 기반을 두었다고 말한다. 창의적인 생각을 하는 노하우를 익히고 당장 눈에 보이지 않더라도 밑바닥부터 기본이 되는 지식을 쌓을 필요가 있다.

❶ **오리진이 되라** | 강신장 저 | 쌤앤파커스 | 272p
: 오리진(origin)은 세상에 없는 제품, 또는 그것을 만드는 사람을 뜻하는 말이다. SERI CEO를 기획하기도 한 창조 전문가 강신장이 들려주는 창조 이야기다.

❷ **아티스트 웨이** | 줄리아 카메론 저/임지호 역 | 경당 | 359p
: 모든 사람의 내면에 감추어져 있는 창조성을 끌어내는 방법.

❸ **My friend CREATIVITY!** | 여훈 저 | 스마트비즈니스 | 224p
: 창의적이고 기발한 광고와 글을 보며 자신의 크리에이티브 능력을 키우는 시간을 갖는다. 세계적인 광고 50편이 수록되어 있다.

❹ **머리 좀 굴려보시죠** | 조엘 살츠먼 저/김홍탁 역 | 김영사 | 264p
: 매뉴얼인 창조 방법이 적힌 책들 속에서 유난히 돋보인다. 직장인이 지금 당장 회의시간에 써먹을 수 있는 다양한 발상 방법들이 적혀있다.

❺ **유쾌한 이노베이션** | 톰 켈리, 조너던 리트맨 공저/이종인 역 | 세종서적 | 368p
: 세계적인 창조 기업 IDEO는 어떻게 일하고 어떻게 새로운 것을 창조해 내는가.

❻ **생각의 탄생** | 로버트 루트번스타인, 미셸 루트번스타인 공저/박종성 역 | 에코의 서재 | 455p
: 다빈치에서 파인먼까지 창조성을 빛낸 사람들의 13가지 생각도구.

❼ **이매지너** | 김영세 저 | 랜덤하우스코리아 | 242p
: 세계적인 산업 디자이너 김영세가 말하는 창조의 비밀. '이매지너'는 강한 상상력으로 미래의 가치를 현실의 성공으로 이끌어 내는 사람을 뜻한다.

❽ **내 머리 사용법** | 정철 저 | 리더스북 | 368p
: 카피라이터 정철. 평범하게 만날 수 있는 상황과 말, 주제를 틀에서 벗어난 창의적인 생각을 통해 재치있게 풀어낸다.

❾ **아웃라이어** | 말콤 글래드웰 저/노정태 역/최인철 감수 | 김영사 | 352p

: 천재라는 수식어가 붙는 말콤 글래드웰의 역작. 비범한 사람은 어떻게 태어나는지에 관한 흥미로운 이야기.

❿ **크리에이티브 마인드** | 허버트 마이어스,리처드 거스트먼 공저/강수정 역 | 에코리브르 | 352p

: 스티브 워즈니악, 다니엘 리베스킨트, 밀턴 글레이저 등 창의적 리더 20인의 입을 통해 들어보는 창조 철학.

4장

공부가
좋다

　　　　　거의 모든 주제, 우리가 관심 있을 만한 주제는 이미 대부분 책으로 나와 있다. 트위터는 어떨까? 트위터를 인터넷서점에서 검색해보면 현재(2010년 11월) 12권의 책이 출간된 것을 알 수 있다. 최근 트렌드인 트위터까지도 이렇게 책들이 나와 있다. 인터넷으로 얻는 단편적인 정보들보다 깊이 있고 정제된 정보를 돈 1만 2천 원 정도의 싼 가격에 만날 수 있다니 정말 행운이라는 생각이 든다. 관심 있는 주제가 있다면 혼자 고민하지 말고 다른 사람들은 어떻게 생각하는지 정보를 받아들이고 대화하면서 책을 통해 발전시켜보자.

　이제 시켜서 하는 공부가 아니라 즐겁게 나의 교양을 채우고 지적 호기심 자체를 즐겨야 할 때다. 평소에 관심 있었던 분야에 대해서만큼은 전문가가 되어보는 건 어떨까.공부와 관련된 책을 읽다보면 자기관리가 필수임을 알 수 있다. 특히 시간관리는 빼놓지 않는 부분이다. 공부를 잘 한다는 건 자기관리에서도 뛰어나다는 의미가 아닐까. 자신에게 맞는 공부법을 찾아 1만 페이지 독서법으로 그 분야를 파고들어 보자. 자기관리의 툴로 손색이 없을 것이다.

❶ **공부하는 독종이 살아남는다** | 이시형 저 | 중앙북스 | 262p
: 정신과 전문의 이시형 박사가 뇌과학을 바탕으로 하는 공부법을 소개한다. 현대 사회에서 살아남기 위해서는 반드시 공부해야 한다고 저자는 말한다.

❷ **학문의 즐거움** | 히로나카 헤이스케 저/방승양 역 | 김영사 | 238p
: 안철수 전 CEO가 언급해 유명해진 책. 읽고 나면 무엇인가 배우고 싶은 기분이 절로 든다.

❸ **50대에 시작한 4개 외국어 도전기** | 김원곤 저 | 맛있는공부 | 220p
: 재미로 시작한 공부가 어떻게 인생을 풍요롭게 할 수 있는지에 관한 이야기. 구체적인 4개 외국어 공부 방법에 관한 내용이 많아 실질적인 공부 팁을 얻을 수 있다.

❹ **공부가 된다** | 크리스티안 그뤼닝 저/염정용 역 | 이순 | 255p
: 독일 전역에 '그뤼딩 학습법' 열풍을 일으키고 있는 저자가 설명하는 쉽고 강력한 학습법.

❺ **생산적 책읽기** | 안상헌 저 | 북포스 | 256p
: 직장인, 경제경영, 자기계발서에 최적화된 독서 방법론

❻ **한 번에 합격하는 올패스 공부법** | 서상훈,서상민 공저 | 한언 | 200p

: 자격 시험을 준비하고 있거나 취업을 위해 인사 시험을 준비하고 있는 학생과 직장인을 위한 실질적인 공부 방법.

❼ **리스타트 공부법** | 무쿠노키 오사미 저/김석중 역 | 비즈니스북스 | 208p
: 일본에서 초강력 공부혁명서로 유명한 저자의 공부 비결. 모범생적인 공부 방법이 아닌 상식의 틀에서 벗어난 방법을 제시한다.

❽ **시간을 정복한 남자 류비셰프** | 다닐 알렉산드로비치 그라닌 저/이상원,조금선 공역 | 황소자리 | 216p
: 지독하게 시간을 사용했던 과학자 류비셰프에 관한 전기. 그대로 따라 할 수는 없겠지만 그의 노력하는 방법과 마음만큼은 느끼는 바가 있을 것이다.

❾ **16배속 공부법** | 모토야마 가쓰히로 저/황선종 역 | 웅진지식하우스 | 256p
: 1년 만에 16년 학과 공부를 해치워 당당히 도쿄대에 합격, 영어 한 마디 못하는 수준에서 1년 만에 하버드대에 합격한 저자의 공부 방법.

❿ **성공하고 싶다면 나만의 스타일로 공부하라** | 다케나카 헤이조 저/나지윤 역 | 비즈니스세상 | 180p
: 게이오 대학 교수 다케나카 헤이조의 실전 공부 지침서. 기억, 업무, 취미, 인생이라는 4가지 영역으로 나누어 효과적인 공부 방법을 제시한다.

## 5장

## 교양 입문하기

　무엇인가 새로운 것을 자꾸만 배우고 싶을 때, 교양을 쌓고 자신만의 지식을 넓히고 싶을 때 막 읽고 싶지만 막연할 때가 있다. 어디서부터 시작해야 하는지, 가르쳐주는 사람도 없고 왠지 모르게 경제경영, 자기계발서에 비해서 쉽게 시작하기도 읽기도 어려워 보인다. 하지만 지레 겁먹을 필요는 없다. 손대보면 모두 재미있는 책들이고 일반 대중들의 눈높이에 맞춰서 쉽게 나와 있는 것도 많다. 특히 베스트셀러 정도라면 누구나 부담 없이 읽을 수 있다.

　수많은 인문교양 서적들은 대부분 주제에 대해서 입문서와 전문서로 나뉘어져 있다. 입문서는 그 주제에 대한 안내문 역할을 하며 일반적인 사람들의 눈높이에 맞추어 대중적인 지식을 담고 있다. 전문서는 어느 정도 그 주제에 관한 지식이 있는 사람들을 대상으로 보다 세밀하고 깊이 있는 지식을 전한다. 인문교양 책을 읽을 때는 입문서를 먼저 읽어 배경 지식을 쌓고 전문서로 깊이를 더해가는 방식이 적절하다.

사회과학 분야의 경우 이슈를 만들어내고 있는 인물 중심으로 찾아서 읽으면 보다 손쉬운 독서가 된다. 최근에 트렌드를 만들어내는 인물과 그 인물의 책들을 읽고 다른 인물로 확장시켜 나간다면 사회과학을 읽어가는 재미를 키울 수 있다.

관심 있는 10가지 주제를 적어본다. 그리고 그 주제에 대해서 각각 대표작 1권씩을 읽어 본다. 그만큼 나의 배경지식은 깊어진다. 하나의 세계를 만나고 그 세계를 내 것으로 만들고 또 다시 다른 세계를 만나고. 그렇게 조금씩 지평을 넓혀나가는 일은 외국 여행을 가는 것과 비슷하다. 동유럽을 여행하고 중국을 여행하고 남미를 여행하듯 책을 통해서 그동안 보지 못했던 세계를 여행해보자.

❶ **진중권 미학 오디세이 1** | 진중권 저 | 휴머니스트 | 325p
: 읽지 않았어도 제목을 수없이 들어봤을 책. 예술 분야에 입문하는 사람들이 읽어야 할 MUST READ BOOK.

❷ **정의란 무엇인가** | 마이클 샌델 저/이창신 역 | 김영사 | 404p
: 하버드대 명강의로 손꼽히는 정치철학자 마이클 샌델의 '정의' 강의를 책으로 만난다. 자유란 무엇인가? 징집과 고용, 무엇이 옳은가? 등 실

제 수업을 바탕으로 도덕적 딜레마에 대해 풀어낸 흥미로운 강의.

❸ **한권으로 읽는 조선왕조실록** | 박영규 저 | 웅진지식하우스 | 548p
: 실록열풍을 불러왔던 책. 다모, 대장금, 동이 등 지금 TV에 나오는 왕이 궁금하다면 이 책을 펼쳐보자.

❹ **이윤기의 그리스로마신화** | 이윤기 저 | 웅진지식하우스 | 352p
: 그리스로마신화를 재미있게 읽고 싶다면 바로 이 책 뿐이다.

❺ **철학 콘서트** | 황광우 저 | 웅진지식하우스 | 287p
: 동서양 철학자들과 함께 하는 철학의 대향연. 구어체와 특유의 위트로 어려운 철학이라는 주제를 재미있게 풀어낸다.

❻ **로마인 이야기 1** | 시오노 나나미 저/김석희 역 | 한길사 | 302p
: 방대한 분량에도 불구하고 꼭 읽어봐야할 책. 로마는 어떻게 탄생하고 성장 후 소멸했는지를 통해 조직 관리의 모범을 새울 수 있다.

❼ **e=mc2** | 데이비드 보더니스 저/김민희 역 | 생각의나무 | 432p
: 학교 다닐 때 많이 들었지만 정작 내용은 잘 모르는 e=mc2에 얽힌 이야기를 흥미진진하게 풀어낸 대중적인 교양과학서. 전혀 어렵지 않다.

❽ **거의 모든 것의 역사** | 빌 브라이슨 저/이덕환 역 | 까치 | 558p
: 꽤 두꺼운 부피에도 불구하고 술술 읽히는 과학 교양서. 교과서가 이랬다면 누구나 공부하는 재미를 느낄 수 있지 않을까.

❾ **정재승 + 진중권, 크로스** | 정재승,진중권 공저 | 웅진지식하우스 | 342p
: 과학자 정재승과 인문학자 진중권이 만나 풀어낸 흥미로운 세상 읽기. 스타벅스, 생수, 셀카 등 우리 주변 평범한 단어들을 통해 경계를 넘나들며 생각을 전개한다.

❿ **지식 e** | EBS 지식채널 e 저 | 북하우스 | 351p
: EBS에서 인기리에 방영되고 있는 'EBS 지식채널 e'를 책으로 엮었다.

# 6장

## 사는 재미가 늘어난다

맥주를 마셔도 취하기 위해서 먹는 게 아니라 다양한 브랜드의 역사를 알고 그 맛을 즐긴다. 와인을 마셔도, 막걸리를 마셔도 술에 얽힌 이야기를 통해 맛의 풍미를 더한다. 주말에 친구를 초대해서 만들어줄 간단한 요리 하나 정도는 할 줄 아는 사람이 멋이 있다.

평생 돈만 벌다 죽는 게 정말 좋은 삶인가? 제대로 살았다고 할 수 있을까? 취미생활 하나 없이 사는 것이 예전처럼 일 잘하고 성공하는 삶으로 보이지는 않는다. 은퇴 이후에도 필요한 것들이 있다. 회사일이 끝나면 아무 재미도 못 느끼는, 그저 일만 하면서 사는 사람은 나중에 놀고먹고 사는 것을 걱정하게 된다. 돈도 돈이지만 무슨 주제를 가지고 평생을 놀고먹고 살 것인지에 대해서도 생각해 두어야 한다.

삶의 재미를 위한 독서를 시작해보자. 한 가지 주제, 관심 있어 하는 주제를 정하고 그 분야에 대해서는 준전문가가 될 수 있도록 노력하고 읽어본다. 예술과 미술, 서양사 등 관심을 가질 만한 주제는 무궁무진하다. 책 읽고 공부할수록 우리 삶은 더욱 더 풍요로워진다.

일밖에 모르는 사람은 재미가 없다. 나이 들었는데도 취미생활 하나 없이 그저 TV보는 게 낙인 사람은 재미가 없다. 색깔이 없고 그저 평범하다. 자신이 좋아하는 기준이 있고 노력하는 것이 있고 찾아 움직이는 게 있다면 그 사람은 자신만의 색깔이 있고 매력이 있다. 매력이 있다는 것은 모든 것이 잘났다는 게 아니라 한번쯤 만나보고 싶은 부분을 지니고 있다는 뜻이다.

간단한 요리 정도는 할 수 있고 다양한 맥주의 역사에 대해서도 해박하다면 매력지수가 더 올라갈 것이다. 동이, 다모, 이산, 대장금 등 조선시대 드라마가 사람들의 관심을 많이 끌고 있는데, 여기서 그치지 말고 책을 통해서 더 공부를 해보는 건 어떨까. 이처럼 역사와 문화에 대해서 공부하는 것도 하나의 책 읽기 방법이다.

일 이야기 외에 술자리에서 여행이나 교양, 클래식이든 줄줄 이야기하는 사람이 있다. 일자리 외에서 그런 사람을 보면 평상시 모습과 달라서 깜짝 놀라기도 한다. 일만 하다 보면 서로를 잘 알기가 어렵지만 여행처럼 함께 무언가를 할 때면 그 사람의 진면모가 드러나게 된다. 일에 묻혀 살면서도 그 외에 인생에서 중요한 것을 보고 듣고 느끼는 사람은 많지 않다. 그런 여유는 그 사람이 평소에 보고 듣고 느낀 것에서 비롯된다.

---

❶ **문성실의 냉장고 요리** | 문성실 저 | 시공사 | 352p
: 이 책이라면 더 이상 요리책이 필요없지 않을까. 한 권으로 만나는 거의 모든 요리. 따라하기 쉽게 구성되어 있다.

❷ **일러스트 연습장** | 유모토 사치코 저/류현정 역 | 한빛미디어 | 136p
: 일러스트를 처음 시작하는 사람들을 위한 친절한 안내서. 연필로 쉽게 따라 그리다 보면 어느덧 실력이 늘어나는 것을 느낄 수 있다.

❸ **여행 사진의 기술** | 유호종 저 | 영진닷컴 | 368p
: 사진 촬영 기술에 관한 보다 수준 높은 가이드. 특히 여행지에서 풍경을 잘 찍는 방법에 관한 내용을 담고 있다.

❹ **공식 DSLR 가이드북** | 김주현,이명호 공저 | 북로그컴퍼니 | 300p
: 니콘 포토스쿨 공식북. DSLR의 기초부터 전문가적 지식까지 한 권에 담았다.

❺ **텃밭백과** | 박원만 저 | 들녘 | 578p
: 10년 넘게 텃밭농사를 지어온 저자의 모든 노하우가 담긴 책. 농사를 지으면서 일어나는 모든 상황들을 기록과 사진으로 남겼다.

❻ **유럽 맥주 견문록** | 이기중 저,사진 | 즐거운상상 | 336p
: 체코, 벨기에, 독일, 네덜란드 등 세계 각국의 맛있는 맥주를 찾아 떠나는 여행.

❼ **이원복 교수의 와인의 세계 세계의 와인** | 이원복 글·그림 | 김영사 | 220p
: '먼나라 이웃나라'로 유명한 이원복 교수의 와인 가이드. 만화로 배우는 쉬운 와인의 세계.

⑧ **막걸리 기행** | 정은숙 저 | 한국방송출판 | 352p

: 전국 각지 소문난 맛의 막걸리를 찾아 떠나는 여행.

⑨ **아지트 인 서울 Agit in Seoul** | 이근희,전영미,민은실,박정선 공저/백경호 사진 | 랜덤하우스코리아 | 480p

: 늘 오고가지만 몰랐던 서울의 숨겨진 아지트들.

⑩ **천호진의 생활 목공 DIY** | 천호진 저 | 오픈하우스 | 240p

: 연기파 배우 천호진씨가 목공을 배우기 시작했다. 입문자를 위해 친절한 사진 설명을 달았다.

7장

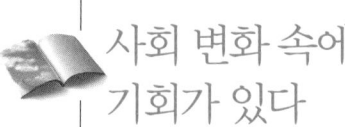
사회 변화 속에
기회가 있다

 눈을 들어 주변 세상을 둘러본다. 전문가는 자신의 일만 잘해서가 아니라 전체 흐름 속에서 의미를 가질 수 있기 때문이다. 요즘은 트위터를 많이 사용한다. 개인적인 용도에서 벗어나 이제는 회사차원에서 홍보를 위해 트위터 계정을 만들고 사업에 활용할 기회로 삼고 있다. 스마트폰을 이용해 모바일 오피스를 구축하겠다는 회사도 있다. 지하철과 버스를 타면 점점 어르신들이 많아지는 것을 실감한다. 고령화가 되면 어떤 변화가 있을까? 거기서 자신만의 기회는 어떻게 찾을 수 있을까? 이런 사회 변화들에 대해서 관심을 가지고 책을 읽어보자.
 똑같은 것만 보면 변화가 없다. 칸막이 안 세상에서 귀를 닫은 채 웅크리고 있기 보다는 눈을 크게 뜨고 좌우를 살필 필요가 있다. 틀에서 벗어나보자. 쳇바퀴 돌듯 같은 주제 같은 관심보다는 전혀 색다른 주제에 대해서도 관심을 가진다. 내 안에 웅크려서 나와 관련된 것만 보지 말고 눈을 들고 어깨를 펴고 저 멀리 사회가 변하는 것, 사람들이 변하고 있는 것을 주목한다.

왜 가난한 사람들은 점점 더 가난하게 되는가. 부익부 빈익빈. 정말 기술과 경제제도의 발전이 행복한 사회를 만들어가는 가에 대한 물음에 답해보는 건 어떨까. 그냥 눈감고 남의 일이라고 생각하기에는 불쌍하게 사는 사람들이 너무 많다. 비정규직은 우리나라 일하는 사람의 절반이라는데 근로의 유연성이 필요하다는 주장은 정말 맞는 것일까?

남의 시선으로만 받아들이지 말고 자신의 의견으로, 자신의 시각으로 받아들일 수 있는 사람만이 진정한 주체적인 사람임을 잊지 말자.

❶ **구글드** | 켄 올레타 저/김우열 역 | 타임비즈 | 526p

: 구글을 단지 검색엔진으로만 생각하는 사람은 변화의 큰 그림을 놓치고 있는 것이다. 구글로 인해 변화하는 세상과 패러다임의 변화에 주목하라.

❷ **존 나이스비트 메가트렌드 차이나** | 존 나이스비트, 도리스 나이스비트 공저/안기순 역 | 비즈니스북스 | 400p

: 세계적인 미래학자 존 나이스비트가 세계 패권국으로 부상하는 중국을 분석한 미래 예측서. 그는 세상을 바꿀 메가트렌드의 종착지로 중국을 꼽았다.

❸ **딜리셔스 샌드위치** | 유병률 저 | 웅진윙스 | 210p

: 저자는 뉴욕 곳곳을 누비며 문화가 경제를 결정하는 중요한 변수임을 지적한다.

❹ **위클리 비즈** | 조선일보 위클리비즈팀 저 | 21세기북스 | 356p

: 조선일보에 연재되었던 위클리 비즈를 책으로 엮었다. 유니클로 사장 야나이 다다시, 루이비통 회장 이브 카르셀 등 세계적인 기업 CEO들은 물론 말콤 글래드웰, 베르나르 베르베르 등 세계적인 구루, 이노베이터 56명을 만날 수 있다.

❺ **나쁜 사마리아인들** | 장하준 저/이순희 역 | 부키 | 383p

: 세계화가 정말 우리에게 도움이 되는 결정인지를 이야기한다. 어려운 주제를 사례와 쉬운 비유를 통해 알기 쉽게 설명한다.

❻ **삼성을 생각한다** | 김용철 저 | 사회평론 | 476p

: 한국을 대표하는 기업, 삼성을 다시 생각해 본다. 삼성 비리 고발의 주인공 김용철 변호사의 이야기다.

❼ **88만원 세대** | 우석훈,박권일 공저 | 레디앙 | 328p

: 이제는 일상 용어가 된 88만 원 세대에 대한 고찰. 대다수가 비정규직으로 일하게 되는 20대의 암울한 현실과 희망을 이야기한다.

❽ **화폐전쟁** | 쑹훙빙 저/차혜정 역/박한진 감수 | 랜덤하우스코리아 | 511p

: 반은 사실, 반은 픽션인 화폐 전쟁에 관한 흥미로운 이야기. 경제경영서임에도 책을 잡으면 손에서 놓을 수 없을 것이다.

❾ **소셜네트워크가 만드는 비즈니스 미래지도** | 김중태 저 | 한스미디어 | 428p

: 스마트폰, 소셜네트워크서비스 등으로 변화하는 지금이 궁금하다면 이 책을 펼쳐라. 한 눈에 들어올 것이다.

❿ **유엔 미래 보고서 2** | 박영숙,제롬 글렌,테드 고든 공저 | 교보문고 | 272p

: 유엔 미래 보고서라는 딱딱한 제목에도 불구하고 우리가 귀 기울이고 관심을 기울여야 하는 내용이 너무 많다.

### 8장

삶을
되돌아 보다

    서른이 넘으면, 마흔을 먹으면 세상일을 다 알 줄 알았다. 학교도 졸업하고 회사에도 취직했고 돈도 제법 벌고 있다. 그런데 밖으로 보이는 몸은 어른이지만 속에 담겨 있는 마음은 아직도 어린 아이 같다. 아직 여리고 부족하고 두려운 것이 많다. 문득 계속 이렇게 살아야 하는지 고민이 든다. 하지만 주변에 물어볼 사람도 마땅치 않고 그렇다고 폼나게 인생 상담을 받을만한 멘토도 없고, 시간적인 여유도 없다.

    그럴 때 인생에 대해 삶에 대해 한마디 듣고 싶을 때, 선배는 어떻게 살았는지 그리고 나는 그렇게 살아도 되는지 궁금할 때 책을 펼쳐든다. 서른 살은 외롭고 슬프다. 하는 일도 잘 안되고 내가 제대로 살고 있는지 모를 때가 많다.

    나보다 나이도 훨씬 많고 인생을 먼저 살고 있는 선배가 들려주는 글 속에는 진지한 고민, 후배들에게 전해주는 인생 선배로서의 진실함이 잘 담겨있다. 그들이 어떻게 살아왔는지를 보여주는 글을 통해 내가 어떻게 살아가야 하는지 알 수 있다. 상황마다 담겨있는 해법일 수도 있고 어떻게 살아야 하는지 직접 가르쳐 주지 않아도 삶의 무게로 묵묵히 내보이는 사람들도 있다. 그들의 이야기 속에서 어떻게 살아야 하는지 해법을 찾는다. 고민했던 순간들에 대한 답을 얻는다.

인생의 중간 점검. 잘 살고 있는지 내가 돈을 제대로 모아가고 있는지 나에게 소중한 사람은 얼마나 더 많은지 중간 점검해 보는 시간을 가져야 한다. 나이가 들면 자신의 모습에 책임을 져야 한다고 하지 않았던가.

---

❶ **친구** | 스탠 톨러 저/한상복 역 | 위즈덤하우스 | 280p
: 친구라는 쑥스럽고 평범한 제목 속에 감추어진 가슴 찡한 이야기. 내 주변에 있는 사람이 얼마나 소중한지 알게 된다.

❷ **서른살이 심리학에게 묻다** | 김혜남 저 | 갤리온 | 312p
: 심리학을 통해 삼십대가 겪고 있는 일과 사랑, 인간관계에 대한 고민에 대한 답을 담았다.

❸ **사막을 건너는 여섯가지 방법** | 스티브 도나휴 저/고상숙 역 | 김영사 | 213p
: 인생은 등산처럼 목적지를 향해 가는것이 아니라 사막을 횡단하는 것 같다라는 저자의 내용이 책을 다 읽고나면 고개를 끄덕이게 한다.

❹ **꿈꾸는 다락방** | 이지성 저 | 국일미디어 | 258p

: '생생하게(vivid) 꿈을 꾸면(dream) 이루어진다(realization)'는 R=VD 법칙으로 저자는 꿈을 이루는 방법을 설명한다.

❺ **꿈이 있는 아내는 늙지 않는다** | 김미경 저 | 명진출판 | 240p
: 국민 강사 김미경이 기혼 여성들에게 전하는 꿈의 메시지. 자신의 꿈을 재발견하라고 강조한다.

❻ **어른으로 산다는 것** | 김혜남 저 | 갤리온 | 259p
: 정신분석 전문의 김혜남의 심리 에세이. 어른이 되어서도 아이처럼 상처를 안고 살아가는 현대인들에게 던지는 따뜻한 치유 메시지.

❼ **나는 아내와의 결혼을 후회한다** | 김정운 저 | 쌤앤파커스 | 304p
: 결혼 후 남편으로, 남자로 살아가면서 느끼는 것에 관한 솔직하고도 재미있고 공감 되는 이야기들

❽ **한비야의 중국견문록** | 한비야 저 | 푸른숲 | 332p
: 중국으로 떠난 한비야는 무엇을 보고 느꼈을까. 인생을 열심히 살고 싶다라는 생각이 들게 하는 그녀의 에세이.

❾ **멀리 가려면 함께 가라** | 이종선 저 | 갤리온 | 296p
: 삼성경제연구소 선정, 커뮤니케이션 분야 최고 강사로 뽑힌 이종선이 말하는 성공의 비결. 세상 사람들을 자신의 편으로 만드는 진심과 내공에 대해 이야기한다.

❿ **죽을 때 후회하는 스물다섯 가지** | 오츠 슈이치 저/황소연 역 | 21세기북스 | 240p
: 1,000명의 죽음을 지켜본 호스피스 전문의가 말하는 후회 없는 삶과 죽음을 위한 스물다섯 가지 키워드.

## 9장

젊은 날의
책 읽기

'패러다임'이라는 말이 있다. 네이버에서 검색해보니 '어떤 한 시대 사람들의 견해나 사고를 지배하고 있는 이론적 틀이나 개념의 집합체'라고 한다. 쉽게 말하면 자신이 생각하는 틀이라고 할 수 있겠다. 예를 들어 남자는 하늘이고 모든 것은 남자의 기준에 맞춰서 살아야 한다는 패러다임을 가진 사람이 있다고 하자. 그 사람은 모든 것을 그 틀에 맞춰서 생각한다. 집에 가서 왕처럼 대접받으려고 하고 아내에게 시키기만 하던 어느 날 TV를 보다가 황혼이혼이라는 것이 많아졌다는 것을 접하게 된다. 그제서야 '아 시대가 변했구나 예전처럼 무뚝뚝하게 군림하려고 하면 혼나는 세상이 왔구나'라는 것을 느끼고 변하게 된다. 이 과정에서 '남자는 하늘'이라는 기존 패러다임은 폐기되고 '남녀는 평등하다'라는 새로운 패러다임으로 대체된다.

　사람의 인식, 패러다임은 자주 바뀌는 게 아니다. 가치관과 성격은 어린 시절 형성되어 평생토록 함께 한다. 하지만 문득 사람의 일생을 바꾸는 그런 계기가 만들어지기도 한다. 패러다임의 변화, 전환의 기회는 사람들마다 다양한 경로로 일어난다. 때로는 책이 그런 기회를 제공하기도 한다.

　책을 읽다 보면 무언가 지금까지 생각하지 못했던 부분들을 지적해주는 책을 만나게 된다. 뒤통수를 한대 얻어맞은 듯한 책, 머리를 쾅하고 얻어맞은 것 같은 책이 있다. 그런 책을 만날 때마다 복 받았다고 생각한다. 그런 생각을 놓치고 있었는데 책을 통해서 알게 되었으니 얼마나 좋은 일이겠는가.

　큰 인물이 된 대다수가 자신의 진로를 결정한 특별한 한 사람과의 만남을 이야기하곤 한다. 책이란 사람이고 사람과의 대화라고 할 수 있다. 책 또한 여러분의 인생을 좋은 방향으로 발전된 방향으로 바꿀 수 있다. 그런 만남을 갖게 된다면 행복할 것이다.

　자신의 인생을 두고 읽어가야 할 한 권의 책을 발견해 보자. 몇 번씩 다시 읽고 그렇게 자신의 푯대가 되고 기준점이 되어주는 책을 만나자.

❶ **스무살에 알았더라면 좋았을 것들** | 티나 실리그 저/이수경 역 | 엘도라도 | 256p

: 스탠퍼드 대학의 '기업가정신과 혁신' 강의를 정리한 책. 스탠퍼드 대학 학생들에게 성공적인 인생을 설계하는데 유용한 강의로 명성이 자자하다.

❷ **너, 외롭구나** | 김형태 저 | 예담 | 309p

: 가슴을 파고든다라는 표현이 딱 어울리는 책. 방황하는 이십 대를 위한 촌철살인의 충고.

❸ **여자라면 힐러리처럼** | 이지성 저 | 다산라이프 | 240p

: 여성의 멘토로 주목받고 있는 힐러리. 자신의 꿈을 향해 당당하게 나아가고 있는 그녀의 모습을 통해 우리가 닮아야 할 성공 비밀을 이야기한다.

❹ **무엇이 당신을 만드는가** | 이재규 편 | 위즈덤하우스 | 269p

: 인생과 경영의 기본으로 다시 돌아가 생각하게 만드는 좋은 내용.

❺ **청춘의 독서** | 유시민 저 | 웅진지식하우스 | 320p

: 비단 이십 대뿐만이 아닌 서른살을 위해서도 권하는 독서. 우리는 지금 어떤 책을 읽어야 하는가.

❻ **프로페셔널의 조건** | 피터 드러커 저/이재규 역 | 청림출판 | 386p

: 피터 드러커의 역작. 스테디셀러. 21세기 지식 근로자가 속한 조직에서 어떻게 일하고 자신은 어떻게 살아야 하는지를 설명한다.

❼ **위대한 나의 발견 강점 혁명** | 마커스 버킹엄,도널드 클리프턴 공저 | 청림출판 | 352p

: 자신의 재능을 발견하고 이를 자신만의 강점으로 발전시키는 방법을 담은 책. 스트렝스파인드라는 자기 발견 프로그램을 제공한다.

❽ **10년차 선배가 5년차 후배에게** | 지윤정 저 | 타임비즈 | 255p

: 누구보다 열심히 일하던 신입이 지나고 어느덧 매너리즘에 빠진 5년차 직장인들을 위한 선배의 충고. 진짜 승부가 시작되는 시기라고 저자는 말한다.

**❾ 프린세스 마법의 주문** | 아네스안 저 | 위즈덤하우스 | 285p

: 이십 대 여성들을 위한 멘토링. 무한한 가능성과 꿈을 향해 달려갈 수 있도록 조언과 충고를 담았다.

**❿ 강의** | 신영복 저 | 돌베개 | 515p

: 신영복 선생의 동양 고전 강의. 자본주의 체제, 물질주의, 인간 소외 등의 현대 사회 문제들을 재조명한다.

## 10장

휴식과
재충전

두 나무꾼이 있었다. 한 나무꾼은 쉬는 시간도 없이 계속 나무를 베었고, 한 나무꾼은 중간 중간 쉬면서 나무를 베었다. 하루 일이 끝나고 보니 쉬는 시간도 없이 일한 사람보다 중간 중간 쉬면서 일한 사람이 더 많은 나무를 베었다. 쉬면서 그는 도끼의 날을 세웠기 때문이다.

휴식이라는 말을 단지 아무것도 하지 않고 쉬는 거라고, 비생산적인 것이라고 생각하지 말자. 안식년이라는 게 왜 필요할까? 그냥 쉬는 것이 아니다. 말 그대로 재충전 하는 시간이다.

하루 종일 온통 생각에 시달린다. 회사 일, 집안 일 머리가 지끈지끈 아프다. 하나의 생각에 계속 몰두하면 결국 거기서 벗어날 수 없다. 하나의 생각은 계속 그 생각에 파묻히게 하고 머리는 점점 복잡해지며 가슴은 더 답답해지고 머리는 몽롱해진다.

책은 읽는 동안만큼은 자연스럽게 머리를 꽉 채우고 있던 복잡한 생각과 걱정에서 벗어나 쉬는 시간을 가질 수 있다. 머리가 너무 복잡해서 잠이 들지 못할 때에도 책을 읽으면 도움이 된다. 사람의 뇌는 쉬어야 한다. 다른 생각을 하고 빈둥거려야 한다. 그래야만 새로운 생각, 생산적인 아이디어가 나올 여지가 있다. 계속 일에만 파묻혀 있는 사람은 큰 그림을 보지 못한다. 책은 내가 보고 있는 단편적인 시야에서 벗어나 큰 세계를 보여준다.

세상의 일들은 계속 나를 보여줘야 하고 내 안의 것들을 끄집어내야 한다. 에너지가 필요하고 지치게 만든다. 하지만 책은 온전히 나를 세상과 잠시 단절시켜준다. 책 속에서 나는 자유로워질 수 있다. 웅크린다. 책을 읽고 가득 나를 채운다. 배우는 것도 받아들이는 것도 없이 계속 쏟아 붓고 아이디어를 내기만 한다면 바닥이 드러나기 마련이다. 책을 통해 휴식을 취하고 재충전의 시간을 가져보자.

❶ **30년만의 휴식** | 이무석 저 | 비전과리더십 | 288p
: 성공을 향해 무조건 달려가는 사람들을 위해 제안하는 휴식과 쉼. 마음의 평안과 자유를 얻는 방법을 이야기한다.

❷ **노는 만큼 성공한다** | 김정운 저 | 21세기북스 | 298p
: 일과 삶의 조화에 대한 안내서. 행복한 삶을 위해 꼭 필요한 잘 노는 방법에 대한 이야기.

❸ **나는 무엇을 잘할 수 있는가** | 구본형변화경영연구소 저 | 고즈윈 | 262p
: 점수에 맞춰 대학에 들어가고 돈을 벌기 위해 직장에 다니고 있다면 생각해 보라. 나는 무엇을 하고 싶었는지.

❹ **익숙한 것과의 결별** | 구본형 저 | 을유문화사 | 375p
: 평범한 직장생활에 녹아들면 위험해진다. 지금 변화할 준비를 하라. 정식이 번쩍게 만든다.

❺ **굿바이 게으름** | 문요한 저 | 더난출판사 | 283p
: 몸을 움직이고 싶은데 열정이 부족한 사람들에게 권하는 책.

❻ **재미** | 한상복 저 | 위즈덤하우스 | 277p
: 재미를 상실한 채 일만 하고 있는 현대 직장인들에게 던지는 메시지. 행복해지기 위해서는 삶이 재미있어야 함을 이야기를 통해 풀어낸다.

❼ **아무것도 못 버리는 사람** | 캐런 킹스턴 저/최지현 역 | 도솔 | 256p
: 주변을 어수선하게 차지하고 있는 불필요한 물건을 버리는 방법. 공간의 자유로움이 몸과 마음의 활동에도 영향을 미친다.

❽ **놀멍 쉬멍 제주 걷기 여행** | 서명숙 저 | 북하우스 | 438p
: 대한민국에 올레 신드롬을 불러 일으킨 장본인 서명숙 이사장의 책. 아름다움과 휴식으로 가득찬 올레 길을 소개한다.

❾ **자존감** | 이무석 저 | 비전과리더십 | 280p
: 세상을 향해 당당하게 살아가기 위해서는 자신을 믿는 자존감이 필요하다. 열등감을 극복하고 자존감을 회복하는 과정을 그려간다.

❿ **세월이 젊음에게** | 구본형 저 | 청림출판 | 242p
: 구본형이 딸을 비롯한 젊은이들에게 전하는 가슴 따뜻한 메시지. 첫 출근하는 딸을 바라보며 아버지의 마음으로 이 글을 썼다고 한다.

MD와 책 읽기 　【 베스트셀러 변천사 】

　사람들의 관심사가 고스란히 담겨 있는 베스트셀러는 어떻게 변화해 왔을까. 경제경영분야 베스트셀러를 분야별로 살펴본다. 변화의 과정을 살펴보면 지금 읽어야 할 책이 보인다.

| 재테크 | 돈은 벌고는 싶지만 드러내놓고 돈을 밝히는 것, 부자가 되고 싶다고 하는 게 부끄러운 시기도 있었다. 하지만 2000년 전국을 뒤흔들었던 《부자 아빠 가난한 아빠》 열풍은 사람들의 돈에 대한 생각이 이제 바뀌고 있음을 보여주었다. 다 똑같은 아빠인줄 알았는데 돈을 잘 버느냐 못 버느냐에 따라서 자랑스러운 아빠가 될 수도 있고 부끄러운 아빠가 될 수도 있는 시대가 되었다.

　《나의 꿈 10억 만들기》는 시대의 변화를 정확히 짚어낸 책이었다. 10억이라는 조금은 노골적일 수 있는 숫자를 제목을 내세웠지만 책에 대한 사람들의 관심은 폭발적이었다. 왠지 노력하면 가능할 것도 같은 10억, 많은 직장인 들이 10억을 벌어 부자가 되는 꿈을 꾸었다. 그 이후로 '○억을 벌었다', '○억을 벌 수 있다' 제목을 단 책들이 당당히 나오기 시작했다.

　구체적인 돈을 벌어야 한다, 그럼 어디서 벌어야 할까? 사람들은 당연히 친근한 부동산을 떠올렸다. 이런 관심은 부동산 서적의 호황으로 이어진다. 《집 없어도 땅은 사라》,《400만원으로 2억 만든 젊은 부자의 부동산 경매 투자일기》,《한국형 땅 부자들》등 집, 경매, 땅 등 분야를 막론하고 수많은 부동산 책들이 베스트셀러가 되었다. 먼저 돈을 번 사람들의 성공담은 더 많은 사람들을 시장으로 끌어들였다. 재테크 호황기는 부동산에서 주식으로 이어졌다. 너나 할 것 없이 펀드에 투자했고 전문가들만 하는 줄 알았던 주식에도 사람들이 뛰었다. 입문자들을 위해 쉽게 풀어쓴 주식 책들이 베스트셀러가 되었다.

이렇게 수많은 재테크 책들을 읽고 공부하는 과정을 거치면서 사람들의 재테크에 관한 지식은 예전과는 비교할 수 없을 만큼 높아졌다. CMA, 펀드, 채권 등 재테크 용어들은 이제 기본 상식이 되었다. 《부자가 되려면 은행을 떠나라》,《금융회사가 당신에게 알려주지 않는 진실》은 사람들이 재테크에 관해서 얼마나 똑똑해졌는지를 잘 보여준다.

하지만 시간이 흐를수록 재테크에 대한 피로감은 커졌다. 책도 보고 상품도 가입하고 공부도 했지만 단기간에 부자가 되는 것은 쉽지 않았다. 책에서 말하는 ○억이라는 것이 현실감이 없어지자 사람들은 다시금 현실적인 재테크란 무엇인지 생각하게 된다. 《아버지의 가계부》,《부자가족으로 가는 미래설계》그리고 최근의《4개의 통장》은 실현 가능한 재테크로의 변화를 보여준다. 수익률을 올리는 기술이 아닌 인생 전반에 걸친 재무설계 쪽으로 관점이 옮겨졌다. 무조건적인 광풍에 휩쓸리는 것에서 벗어나 어느 정도 균형감각을 찾아가는 자연스러운 과정이기도 했다. 지금까지가 단기간의 수익률에 초점을 맞추고 무조건적으로 달려드는 시기였다면 지금은 금융위기를 거치고 수익률이 떨어지며 무리하게 투자의 후유증을 직면하고 있는 시기가 되었다. 빚을 걱정해야 하고 수익보다는 리스크를 걱정해야 한다.

《하우스 푸어》는 부동산 불패신화마저 흔들리고 있는 현재의 모습을 잘 보여준다. 일확천금으로 10억 부자가 누구나 될 수 있을 것 같은 꿈은 이제 깨어졌다. 현실적으로 실현 가능한 재무관리와 리스크 관리가 필요한 시점, 재테크 도서를 읽는다면 이 흐름을 이해하고 읽는 게 현명하지 않을까.

| 자기계발서 | 《누가 내 치즈를 옮겼을까?》를 기억하는가. 자기계발이라는 용어가 생소했던 시절, 이 책은 전 국민의 필독서였다. 사람들의 입에 오르내리며 책이라는 것이 삶에 변화를 줄 수 있다는 것을 보여주었다. 책을 통해 성공을 배울 수 있다는 생각이 본격적으로 시작된 시기, 《협상의 법칙》, 《80/20법칙》, 《대화의 기술》과 같은 지금 보기에는 기본적인 주제에 관한 책들이 인기를 끌었다. 전문가들의 영역이었던 협상, 대화, 시간관리 등이 이제는 개인의 자기계발 영역으로 편입되었다.

그 당시 최고의 히트작은 《메모의 기술》이었다. 직장인의 필수 도서가 되었고 1편의 성공에 이어서 2편이 나왔고 이후 수많은 일본 번역 자기계발서들이 쏟아지는 계기가 되었다. 직장인이라면 누구

나 읽어야 하는 필독서 중에 《One Page Proposal》도 있었다. '1장으로 표현하는 간결한 기획서'라는 컨셉은 실제 효용성을 떠나서 직장인들 사이에 회자되었다. 그리고 대망의 《아침형 인간》이 출간된다. 2003년 10월이었다. 나오자마자 폭발적인 반응이었다. 저녁 뉴스를 장식했고 사람들은 '아침형 인간' 신드롬에 빠져들었다. 단순히 기술적인 자기계발서에서 벗어나 사람들은 이제 삶에 대한 관심으로 범위를 점점 넓혀가고 있었다.

그 기세를 이어 《살아 있는 동안 꼭 해야 할 49가지》, 《사람으로부터 편안해지는 법》, 《사막을 건너는 여섯가지 방법》 등이 베스트셀러를 장식했다. 자기계발서에 대한 사람들의 관심은 전 국민의 베스트셀러 《마시멜로 이야기》로 최고의 호황을 맞이한다. 기존의 자기계발서와는 다른 우화라는 형식을 빌려 쉽게 설명한 이 책의 대대적인 성공으로 자기계발서 시장은 우화 열풍에 휩싸였고 우화가 아니면 베스트셀러가 되기 어려웠다. 《경청》, 《에너지 버스》, 《청소부 밥》, 《용기》 등 수많은 우화 베스트셀러가 생산되었고 이런 관심은 한동안 계속되었다.

자기계발서 열풍에 힘입어 종합베스트셀러 상위권을 모두 자기계발서가 차지하던 시기도 있었다. 하지만 자기계발서를 너무 많이 읽어서일까, 사람들은 피로감을 느끼기 시작했다. 자기계발서의 효용성에 대해서 생각하게 되었고 수많은 우화 포맷의 베스트셀러들은 비슷비슷한 내용으로 흥미를 떨어트렸다. 이후 금융위기를 거치면서 사람들은 뜬 구름 잡는 식의 내용보다는 현실적으로 도움이 되는 내용에 더 관심을 보이기 시작했다. 화두는 '생존'이었다. 회사가 자신의 보호막이 되어 주지 않기 때문에 혼자서도 살아갈 수 있는 길을 찾아야 한다는 인식에서 시작되었다. 《공부하는 독종이 살아남는다》, 《생존력 Survival Power》 등은 그런 변화를 잘 보여주는 베스트셀러들이다.

| **경제경영** | 처음 시작은 조직관리와 관련된 책들이었다. 당연하겠지만 누구나 경제경영서를 읽는 시대는 아니었다. 기업경영과 관련된 사람들이 읽었기 때문에 《더 골》, 《경호》 같은 책이 인기였다. 경제경영 분야 도서가 대중적이 된 것은 2005년 《블루 오션 전략》의 공이 크다. 지금 봐도 조금은 어려울 수 있는 내용이지만 '블루 오션'이라는 말은 TV에 나올 만큼 화제가 되었다. 이 후 경제경영에 관한 다양한 책들이 주목받기 시작했고 사람들은 경제학에 대해서도 관심을 보이기 시작한다. 어느 정도 독서의 수준이 올랐다는 의미이기도 하고 경제를 알아야 먹고 살 수 있다는 시대적 변화와 잘 맞아떨어진 것도 있다.

2008년에 금융위기는 이런 관심과 변화의 촉진제가 되었다. 《화폐전쟁》, 《달러》, 《지금 당장 환율 공부 시작하라》처럼 그 전이라면 읽지 않았을 법한 분야와 세계, 국내 경제 상황에 대해서 사람들은 관심을 가졌다. 단지 지식을 쌓기 위해서만은 아니었다. 다른 나라의 위기가 강 건너 불구경이 아닌 내 가계와 생활에 영향을 주는 시대가 되었기 때문이다. 2009년을 넘어오면서 경제에 대한 관심은

보다 강해졌다. 《경제 상식 사전》, 《지금 당장 경제 공부 시작하라》 등이 판매 상위에 올랐다.

이런 추세는 앞으로는 어떻게 될까? 아마도 당분간은 계속 이어질 것이다. 더블딥 논쟁은 아직도 우리가 불안한 상황을 살고 있음을 말해준다. 예전처럼 돌아가기는 쉽지 않을 것이고 그렇다면 살아남아야 하는 우리로서는 현실적으로 영향을 미치는 경제에 대해서 반드시 배워야 한다.

### 에필로그

1만 페이지 독서에 관한 내용은 여기까지다. 이제 할 일은 직접 해보는 일이다. 언제나 중요한 것은 실천, 행동으로 옮겨지지 않으면 아무런 의미가 없을 것이다.

1만 페이지 독서는 언제든지 시작할 수 있다. 지금 이 책을 읽고 있는 지금부터 시작하면 된다. 1월이면 올해 12월 말까지, 3월이면 내년 2월 말까지 도전하면 된다. 혼자해도 되고 주변에 가까운 사람들과 함께 도전해보는 것도 재미있을 것이다. 아이들이 있다면 온가족이 새해 목표로 잡아보면 어떨까? 1년 후 우리 가족이 읽은 총 페이지를 셈해보면 아이들도 가슴 뿌듯해 할 것이다.

"한 권의 책은 한 권의 세계다"라는 말이 있다. 1년간 우리가 읽을 서른 권의 책은 서른 권의 새로운 세상을 만나는 기회를 제공할 것이다.

가끔씩 빠르게 변화하는 시대에 비교해 독서가 고리타분한 일로 비쳐지기도 한다. 스마트폰의 등장으로 말 그대로 언제 어디서나 정보를 손쉽게 접하고 활용하는 시대다 보니 굳이 책을 통해 정보를 얻을 필요가 있을까 묻기도 한다.

내 생각은 '여전히 그렇다'이다. 한 사람이 평생 동안 쌓아올린 지식을 단돈 1만 원 정도로 얻을 수 있는 기회가 책 말고 또 있을까? 학교에서도 가르쳐주지 않는 생각하는 방법을 배울 수 있는 건 어떤가. 느슨해진 자신의 삶을 되돌아보고 태도를 점검해 볼 수 있는 시간은 책이 아니라면 만나기 어려울 것이다.

'1만 페이지 독서'가 책을 잘 읽고 싶고 책을 통해 변화, 발전하고 싶은 사람들에게 조금이라도 도움이 되는 독서법이 되기를 희망해본다.

2011년 1월

윤성화

나를 변화시키는 강력한 습관
## 1만 페이지 독서력

**1판 1쇄 인쇄** | 2011년 1월 27일
**1판 4쇄 발행** | 2012년 8월 20일

**지은이** 윤성화
**펴낸이** 김기옥

**프로젝트 디렉터 기획1팀** 모민원, 장기영, 권오준, 정경미
**커뮤니케이션 플래너** 박진모
**영업** 이봉주
**지원** 고광현, 이봉주, 김형식, 임민진

**디자인** 디자인봄, 송디자인
**인쇄** 서정문화인쇄  **제본** 서정바인텍

**펴낸곳** 한스미디어(한즈미디어㈜)
**주소** (우 121-839) 서울시 마포구 서교동 392-34 강원빌딩 5층
**전화** 02-707-0337  **팩스** 02-707-0198
**홈페이지** www.hanmedia.com
**출판신고번호** 제313-2003-227호  **신고일자** 2003년 6월 25일

ISBN 978-89-5975-314-7  13320

책값은 뒤표지에 있습니다.
잘못 만들어진 책은 구입하신 서점에서 교환해드립니다.